A INVENÇÃO DO DIREITO

José Roberto de Castro Neves
Prefácio de Luís Roberto Barroso

EDIÇÃO REVISTA E
ATUALIZADA

A INVENÇÃO DO DIREITO

COMO ÉSQUILO, SÓFOCLES,
EURÍPEDES E ARISTÓFANES MUDARAM
PARA SEMPRE O MUNDO JURÍDICO

3ª edição

Copyright © 2021 by José Roberto de Castro Neves

Direitos de edição da obra em língua portuguesa no Brasil adquiridos pela Editora Nova Fronteira Participações S.A. Todos os direitos reservados. Nenhuma parte desta obra pode ser apropriada e estocada em sistema de banco de dados ou processo similar, em qualquer forma ou meio, seja eletrônico, de fotocópia, gravação etc., sem a permissão do detentor do copirraite.

Editora Nova Fronteira Participações S.A.
Rua Candelária, 60 — 7º andar — Centro — 20091-020
Rio de Janeiro — RJ — Brasil
Tel.: (21) 3882-8200

Dados Internacionais de Catalogação na Publicação (CIP)
(Câmara Brasileira do Livro, SP, Brasil)

Neves, José Roberto de Castro
 A invenção do direito: as lições de Ésquilo, Sófocles, Eurípedes e Aristófanes / José Roberto de Castro Neves. - 3. ed. - Rio de Janeiro: Nova Fronteira, 2021.

 ISBN 978-65-5640-249-9

 1. Civilização greco-romana 2. Direito - História I. Título.

21-69780   CDU-34

Índices para catálogo sistemático:
1. Direito 34
Cibele Maria Dias - Bibliotecária - CRB-8/9427

Para Doris e Roberto
Para Dado e Cecília
Para Bel, Guilherme, João e Duda
Começo, meio e fim

Agradeço profundamente aos amigos que leram os esboços deste trabalho e contribuíram com valiosas sugestões, quando já me encontrava anestesiado pelo texto. Foram ajudas luminosas. Em especial, menciono minha mãe, Doris, e os queridos Paulo Cesar de Barros Melo, Ebert Chamoun, Joaquim Falcão, Luiz Bernardo Rocha Gomide, José Luiz Alquéres e Patricia Klien Vega.

SUMÁRIO

PREFÁCIO
Democracia, Direito e dignidade humana: a trajetória inacabada do processo civilizatório **9**
Luís Roberto Barroso

CRONOLOGIA 17

NOTA DO AUTOR À 3.ª EDIÇÃO 21

NOTA DO AUTOR À 2.ª EDIÇÃO 23

NOTA DO AUTOR À 1.ª EDIÇÃO 25

INTRODUÇÃO
Direito, literatura e a eterna busca da justiça **29**

1 | O tempo dos dramaturgos gregos **35**

2 | A pólis e o Direito na Grécia clássica **69**

3 | O teatro grego **81**

4 | Ésquilo **93**
Os persas e a democracia **96**
As suplicantes e a dignidade da pessoa humana **99**
Prometeu acorrentado e o repúdio à tirania **106**
A Trilogia oresteia: Agamenon, Coéforas (ou Portadoras de libações) e Eumênides — *o nascimento do Direito* **109**

5 | Sófocles **133**
A Trilogia tebana: Édipo rei, Édipo em Colono e Antígona **135**

Édipo rei e o devido processo legal **140**
Édipo em Colono e o direito de defesa **147**
Antígona — existe algo acima do direito dos homens? **156**

6 | Eurípedes **173**
Medeia e a consciência moral **176**
Hécuba e a condição humana **185**

7 | Aristófanes **191**
A revolução das mulheres — a sociedade ri dela própria **193**

8 | A morte dos deuses e o julgamento de Sócrates **197**

9 | A invenção do Direito **211**

BIBLIOGRAFIA 215

CRÉDITOS DAS IMAGENS 227

PREFÁCIO
Democracia, Direito e dignidade humana: a trajetória inacabada do processo civilizatório

LUÍS ROBERTO BARROSO
Ministro do Supremo Tribunal Federal

De Shakespeare a Sófocles: a viagem de volta

Ao abrir um grande encontro internacional, a atriz Melina Mercouri, à época ministra da Cultura da Grécia, anunciou que pronunciaria algumas palavras em sua língua natal. A plateia mirou-a com certa surpresa e desencanto, antecipando que nada entenderia. Não foi o que se passou, todavia, quando ela falou, sonora e pausadamente: "Democracia. Política. Matemática. Teatro." Vocábulos de uma língua universal, que fazem parte da semântica do mundo contemporâneo. Se fosse para utilizar um chavão da temporada, não haveria excesso em dizer: "Somos todos gregos." Em última análise, é isso que acaba por demonstrar este pequeno grande livro, que aqui tenho o prazer e a honra de apresentar.

José Roberto de Castro Neves acertou novamente. Em sua incursão anterior no domínio do Direito e literatura, ele produzira *Medida por medida: o Direito em Shakespeare*. Tratava-se de uma viagem lúdica e documentada pelas principais peças do autor inglês e suas relações com o fenômeno jurídico. Uma epopeia cultural e humanística. Pois este *A invenção do Direito: as lições de Ésquilo, Sófocles, Eurípedes e Aristófanes* segue o mesmo padrão superlativo: estilo leve, texto cativante, reflexão sofisticada. O Direito entra como contrabando em meio à literatura de primeira linha. José Roberto nos reconduz às origens de nossa civilização, resgatando registros históricos, textos que atravessaram os séculos e ideias que moldaram o mundo.

Na história da cultura, obras como *Ilíada* e *Odisseia*, de Homero, marcam o início da literatura ocidental. Peças como *Hamlet* e *Júlio César*, de Shakespeare, são alguns dos seus pontos culminantes. E tragédias como *Prometeu acorrentado*, *Antígona* e *Medeia* estão na origem dos dilemas e angústias que levaram à invenção do Direito. O autor traça um arco notável, ligando as diferentes dimensões — éticas, jurídicas e políticas — dos conflitos entre paixão e razão, ódio e amor, vingança e justiça. Um tributo à nossa humanidade, no seu desalento e fascínio.

Isso é grego para mim

No mundo ocidental, somos herdeiros de uma tradição conhecida como romano-germânica. Só por grave injustiça não consta da certidão que é também helênica: foram os gregos os inventores da ideia de razão, do conhecimento científico fundado em princípios e regras de valor universal. Como lembra José Roberto, a certa altura de seu texto, lá foram criadas a história, a astronomia, a física, a biologia, a filosofia e a geografia, entre outras ciências. Sem falar das artes. Somente uma pólis segura de sua estabilidade político-institucional, como a Atenas do século V a.C., poderia incentivar o surgimento de filósofos, historiadores e autores teatrais, que mereceram o respeito de seus contemporâneos e as homenagens da posteridade. Tiranias têm medo da liberdade de pensamento e da criação artística. Como destaca este livro, obras como *Oresteia*, de Ésquilo, *Édipo rei*, de Sófocles, ou *Medeia*, de Eurípedes, permeiam a cultura e o imaginário do mundo civilizado ao longo dos séculos.

Ao percorrer as páginas eruditas e saborosas deste livro, dei-me conta de quantas vezes me utilizei de referências gregas na minha própria produção acadêmica e atuação profissional. Em artigo sobre o neoconstitucionalismo, citando dois outros autores nacionais, averbei: "Ontem os Códigos, hoje as Constituições. A revanche da Grécia contra Roma." A referência é ao fato de que o Direito constitucional e o Direito público em geral, que têm o seu berço em Atenas, conquistaram, nas últimas décadas, um largo espaço no cenário jurídico contemporâneo, historicamente dominado pela tradição romanística de direito privado. Aliás, a relação entre Grécia e Roma, desde os primórdios, foi retratada em passagem clássica de Horácio, descrevendo a ironia histórica: "A Grécia capturada conquistou seu feroz dominador e trouxe civilização ao rude Lácio." Em uma aula inaugural em que afirmava que a vida é feita de prudências e ousadias, narrei a passagem clássica do Canto XII da *Odisseia*. Nela se contém o famoso episódio em que Ulysses, para escapar do canto das sereias, obriga seus companheiros a remarem com os ouvidos tapados por cera, e se faz amarrar ao mastro da embarcação, para escapar à tentação de seguir a música envolvente e espatifar-se contra os recifes. Porém, sempre me encantou o fato de que ele não tapou os próprios ouvidos. Ou seja: neutralizou o risco, mas não se privou do prazer legítimo.

Ulisses no barco (mosaico)

Em sucessivos discursos de formatura que a vida me proporcionou fazer, encontrei-

-me igualmente imerso em cultura grega. Ao falar do tempo, lembrei a história mitológica de Cronos, que teria investido contra o pai, Urano, e devorado os próprios filhos. Numa nota mais romântica, assinalei que o amor de Penélope por Ulysses havia derrotado o tempo e a distância. Como sabido, era ela assediada por muitos pretendentes, que lhe diziam da morte do marido. Havendo prometido desposar um deles quando terminasse de tecer a mortalha em que estava trabalhando, desfazia à noite o que avançara durante o dia, dando tempo ao tempo, até o regresso triunfal de Ulysses. Ao falar da vida boa, remeti à inscrição do Oráculo de Delfos, "Conhece-te a ti mesmo e conhecerás o Universo e os Deuses". Com mais de 2.500 anos, esta frase, atribuída a Tales de Mileto e difundida por Sócrates, é considerada o marco do nascimento da filosofia, ao passar o homem e sua capacidade de reflexão para o centro dos acontecimentos.

Em texto sobre a interpretação jurídica, anotei que o termo hermenêutica vem de Hermes, personagem da mitologia grega encarregado de transmitir as mensagens dos deuses aos homens. Ao ingressar no Supremo Tribunal Federal e verificar o volume de processos que chegava a cada dia, a primeira imagem que me veio à mente foi a de Sísifo, personagem mitológico condenado a empurrar uma pedra montanha acima, eternamente. Sempre que se aproximava do cume, a pedra rolava de volta e era preciso começar tudo de novo. Relembro uma última referência: em caso midiático e dramático que envolvia a extradição de um antigo militante da esquerda italiana, no qual eu ainda atuava como advogado, o julgamento terminou empatado. Caberia, assim, ao presidente do tribunal o voto de desempate. Em memorial, lembrei que o voto de Minerva, na sua origem histórica, era em favor da defesa. Se empatou, é porque havia dúvida. A propósito, José Roberto dedica inúmeras páginas ao tema, ao narrar o julgamento de Orestes, que matou a mãe para vingar o pai. "Trata-se do primeiro Hamlet", lembrou ele, registrando mais adiante:

> *O julgamento é feito e há empate entre os votos dos doze jurados. Cabe a Atenas desempatar e a deusa decide em favor de Orestes (...).*

> *A justiça da vingança é substituída pela benevolência. A retribuição do mal é sucedida por uma nova ordem.*
>
> *(...) O novo direito ignora a maldição familiar, desconsidera a Lei de Talião.*

As ideias essenciais reavivadas nesta obra

José Roberto inicia o livro com uma cronologia didática e conveniente. Reiterando a importância de Homero, colhe nele lições que atravessaram os tempos, ainda quando pouco aplicadas. Como, por exemplo, "a atividade do líder não deve ser guiada pela ira" e, sobretudo, "o líder não deve pensar em si, mas no interesse comum". Ou esta outra, de que os homens não são joguetes nas mãos dos deuses, mas "senhores de seus destinos". Aí a raiz do livre-arbítrio. Em um resgate histórico recente e emblemático, lembrou que a ditadura dos coronéis gregos, entre 1967 e 1974, proibiu a encenação de *Antígona*, a mulher que enfrentou o tirano para enterrar o irmão. O texto destaca, ainda, passagem de Eurípedes, na qual defende a igualdade entre filho ilegítimo e filho legítimo, senhor e escravo. Para em seguida enunciar uma máxima moral eterna: "a nobreza não decorre da origem, mas do caráter." Já próximo ao fim, José Roberto noticia um marco civilizatório que seria perdido pouco à frente, com o Império Romano: a separação entre religião e Estado, entre a lei divina e a lei humana. Em suas palavras, "a filosofia mata os deuses".

No ponto culminante do seu argumento, José Roberto de Castro Neves enuncia as ideias e valores que se projetaram na história e que ainda hoje são o estado da arte em matéria institucional. Garimpando a essência dos autores que estudou, ele destaca a democracia, a dignidade humana, os direitos fundamentais, a igualdade e a disputa entre a lei natural e a lei dos homens, a lei positiva. São temas que merecem uma reflexão final. Com a queda da Grécia para a Macedônia, no fim do século IV a.C., a democracia desaparece da face da terra. Só voltou a dar sinais com as revoluções liberais, no século XVIII. Sua consolidação, todavia, é um fenômeno do século XX, com o fim do voto censitário, das restrições raciais, o voto feminino e mesmo dos analfabetos. Mais de dois milênios depois, o constitucionalismo democrático veio a ser a ideologia vitoriosa do século que se encerrou, derrotando autoritarismos e fundamentalismos diversos. Nela se condensam as grandes promessas da modernidade (ou seriam da Antiguidade?), que sintomaticamente se identificam com os valores apontados pelo autor.

A dignidade da pessoa humana voltou à agenda do mundo civilizado após a tragédia moral e política do fascismo e do nazismo na Europa. Depois da Segunda Guerra Mundial, passou a ser um conceito incorporado à maior parte dos documentos internacionais e das constituições democráticas. Dignidade humana significa que todas as pessoas são um fim em si mesmas, têm igual valor intrínseco e autonomia, devendo viver a própria vida com autodeterminação e fazendo suas próprias escolhas existenciais. O limite há de ser os direitos fundamentais de todos e alguns valores sociais legitimamente impostos. Os direitos fundamentais, por sua vez, foram alçados ao centro dos sistemas jurídico-constitucionais, constituindo uma reserva de justiça para proteção de todos os indivíduos, impondo ao Estado deveres de abstenção e atuação. A igualdade, na sua dimensão formal, material e de reconhecimento (dos direitos das minorias), continua a ser a grande aspiração da humanidade, sua grande causa inacabada. Ainda assim, há avanços importantes na derrota dos privilégios, na redução da pobreza e nos direitos de grupos vulneráveis, aí incluídos mulheres, negros, gays e transgêneros.

Por fim, na filosofia jurídica, sem uma volta ao jusnaturalismo, vive-se a superação do positivismo normativista tradicional, que reduzia o Direito à lei e o afastava da justiça e da legitimidade democrática. Um caminho do meio, representado por uma cultura pós-positivista, respeita o papel da lei e das decisões políticas majoritárias, mas reaproxima o Direito da filosofia moral e da filosofia política. Polinices já pode ser enterrado em paz. Justiça e legitimidade democrática são valores dos quais nenhuma ordem jurídica democrática e civilizada pode prescindir. Como sabemos desde a Grécia Antiga, mas vez por outra esquecemos.

Conclusão

Ao sintetizar o plano de *As suplicantes*, de Ésquilo, o autor descreve que cinquenta mulheres fugidas do Egito pedem asilo ao rei Pelasgo, de Argos. A fuga se deu para escaparem de casamentos forçados. A concessão do asilo traria consequências graves e, possivelmente, a guerra. Ainda assim, o rei se dispôs a ouvi-las, não sem antes advertir: "Longa fala, porém, não agrada a cidade." O conselho é oportuno e, tendo atravessado os séculos, é de grande valia para a comunidade jurídica em geral. Eu mesmo sou militante da utopia de que em algum lugar do futuro, juristas falarão menos, escreverão menos e não serão tão apaixonados pela própria voz.

Por essa razão, é boa hora de sair do caminho do leitor e deixar que desfrute, com prazer e proveito, das páginas bem pesquisadas, bem pensadas e bem escritas deste trabalho notável. Em sua incursão nas fronteiras entre o Direito e a literatura, José Roberto de Castro Neves oferece ao público um pouco da sabedoria desses dois mundos. E a elas agrega a sua própria, tornando-se uma voz culta, libertária e civilizatória, valores que vêm de longe e que estamos mesmo precisando cultivar por aqui.

Brasília, 9 de agosto de 2015.

CRONOLOGIA*

621 Drácon introduz em Atenas as primeiras leis escritas, conhecidas por sua severidade.
620 Nascimento de Tales de Mileto, o primeiro cientista e filósofo da história ocidental.
600 Nascimento de Heráclito.
594 Sólon apresenta novas leis em Atenas, revogando as de Drácon. Estabelece eleições livres para os magistrados.
585 Tales de Mileto prevê o eclipse solar.
570 Nascimento de Pitágoras.
560 Pisístrato torna-se o tirano de Atenas. Ele reduz o poder dos abastados, ajuda os fazendeiros e estimula as artes.
553 Ciro, o Grande, funda o Império Persa.
534 É introduzida a representação trágica nas festividades populares em Atenas, conhecidas como Grandes Dionísias.
530 Cambises, filho de Ciro, o Grande, assume o Império Persa.
Pitágoras, filósofo e matemático, funda uma colônia em Crótona.
525 Nascimento de Ésquilo.
521 Dario I passa a ser o rei da Pérsia.
510 Nasce Parmênides.
O tirano Pisístrato é expulso de Atenas.

---

* Todas as datas referem-se aos anos anteriores à Era Cristã (a.C.) ou, como também se adota, Antes da Era Comum (AEC).

508 Clístenes promove uma reforma constitucional em Atenas e introduz um governo democrático.
501 Primeira eleição em Atenas dos dez generais (*strategoi*), cargo público que passaria a ser o mais prestigioso e importante da pólis.
500 Hieráclito de Éfeso expõe sua filosofia.
499 Primeiro registro de uma peça de Ésquilo.
496 Nascimento de Sófocles.
494 Nascimento de Péricles.
493 Temístocles passa a ser o governante de Atenas. Ele constrói o porto de Pireus, ao lado da cidade.
492 Primeira investida persa contra a Grécia é evitada por uma tempestade.
490 Segunda expedição persa contra a Grécia. Derrota persa na batalha de Maratona. Ésquilo participa da batalha e, nela, perde seu irmão.
487 A primeira comédia é apresentada em Atenas. O ostracismo é utilizado pela primeira vez em Atenas.
486 Xerxes I, filho de Dario I, assume o Império Persa.
485 Nascimento de Eurípedes.
484 Nascimento de Heródoto, considerado o "pai da história".
481 Criação da confederação das cidades-Estados gregas, comandada por Esparta, para combater o iminente ataque dos persas.
480 Terceira expedição persa contra a Grécia. Xerxes invade a Grécia. Derrota de Leônidas de Esparta e seus trezentos homens nas Termópilas. A Acrópole de Atenas é destruída.
Os gregos derrotam os persas na batalha naval de Salamina.
479 Os gregos derrotam os persas na batalha de Plateia.
477 Diante de nova ameaça persa, há a criação da Liga Délfica, aliança das cidades gregas, sob a liderança de Atenas, para proteção contra os persas.
471 Temístocles recebe a pena de ostracismo.
470 Nascimento de Sócrates.
468 Sófocles, com 28 anos, vence pela primeira vez um concurso de tragédias, suplantando Ésquilo.
462 Queda do Areópago, órgão político aristocrático de Atenas. Ele é sucedido pela Assembleia, onde há uma participação mais democrática. Radical movimento democrático em Atenas.
Início da primeira Guerra do Peloponeso, entre Atenas e Esparta.

460 Péricles assume o poder em Atenas.
Nascimento de Hipócrates, o "pai da medicina".
456 Morte de Ésquilo.
Conclusão do templo de Zeus em Olímpia, uma das sete maravilhas do mundo antigo.
455 Eurípedes produz sua primeira peça.
451 Péricles edita uma lei de cidadania, segundo a qual apenas o filho de pai e mãe atenienses seria considerado cidadão.
449 Início da segunda Guerra do Peloponeso, entre Atenas e Esparta.
448 Nascimento de Aristófanes.
447 Iniciada a construção do Partenon, em Atenas.
444 Protágoras de Abdera redige um conjunto de leis para a cidade de Túrio.
441 Sófocles serve como general.
440 Heródoto escreve a *História das Guerras Persas*.
438 A estátua de Palas Atena, de Fídias, outra das sete maravilhas do mundo antigo, é colocada no Partenon, em Atenas.
O Partenon é finalizado.
431 Reinício da Guerra do Peloponeso.
430 Epidemia assola Atenas, terminando apenas em 427. Quase um terço da população perece, inclusive Péricles.
429 Morte de Péricles.
427 Nascimento de Platão.
421 Celebrada a paz entre Esparta e Atenas.
419 Reinício das hostilidades entre Esparta e Atenas.
406 Morte de Eurípedes.
405 Morte de Sófocles.
404 Derrota de Atenas na Guerra do Peloponeso.
399 Sócrates é condenado à morte.
384 Nascimento de Aristóteles.
380 Platão funda a Academia, sua escola de filosofia. Morte de Aristófanes.

Possível data das peças

AEC	Ésquilo	Sófocles	Eurípedes	Aristófanes
472	Os persas			
463	As suplicantes			
468		Ájax		
467	Sete contra Tebas			
458	Trilogia oresteia			
441	Prometeu acorrentado	Antígona		
438			Alceste	
431			Medeia	As nuvens
430		Édipo rei	As troianas	
428			Hipólito	
425			Hécuba	
420			As suplicantes Héracles	
415			As troianas	
414		As traquínias		
413		Electra		
412			Helena	
411			As bacantes	Tesmoforiantes Lisístrata
409		Filoctetes		
408			Orestes	
406		Édipo em Colono	Ifigênia em Áulis	As rãs
401				
392				A revolução das mulheres
				Um deus chamado dinheiro

NOTA DO AUTOR À 3.ª EDIÇÃO

Não se tem notícia, na história, de um povo que, num período tão limitado de tempo, tenha oferecido contribuição de tamanha força e importância à civilização. Devemos aos gregos clássicos praticamente tudo.

Philanthropia, por exemplo, é um termo grego que significa "boa vontade em relação a todos os homens". Era um ideal, um modelo de conduta do homem grego, da mesma forma como entendiam a importância essencial da educação. Só isso já demonstra o proveito de conhecer melhor essas conquistas.

Num mundo com tantas informações cruzadas, compreender essa herança clássica se revela ainda mais fundamental.

Certamente, porque este livro registra uma pesquisa sobre esse tempo glorioso — e os avanços nele estabelecidos —, suas edições anteriores se esgotaram. Sempre buscando aprimorar o trabalho, esta versão vem com acréscimos.

Lévi-Strauss, intelectual belga que se dedicou a estudar mitologia, registrou que os homens não pensam nos mitos, mas são os mitos que pensam nos homens. Como se verá adiante, os mitos gregos sabem mais de nós do que nós mesmos.

Fevereiro de 2021
José Roberto de Castro Neves

NOTA DO AUTOR À 2.ª EDIÇÃO

Com a edição deste trabalho, recebi, de um grupo enorme de pessoas, o depoimento de admiração pelos gregos clássicos. De fato, é fascinante como, há aproximadamente 2.500 anos, esses pensadores criaram tantos conceitos, o que explica o fato de este livro ter esgotado a sua primeira tiragem. Com algumas correções e aditamentos, eis, aqui, uma nova edição.

Certa vez, o orador e político Dêmades discursava para o povo de Atenas, que não lhe dava a menor atenção. Pediu então à desinteressada plateia permissão para contar uma fábula esópica. Ninguém se opôs. Dêmades, assim, começou a história: "Uma andorinha, uma enguia e Deméter iam por um mesmo caminho e, quando chegaram a um rio, a andorinha voou e a enguia mergulhou". Disse isso e calou-se. "E Deméter, o que aconteceu com ela?", perguntaram. E ele respondeu: "Ela está zangada com vocês, que deixaram de lado os assuntos políticos para se ligar em fábulas esópicas".

Essa história alegórica, que vem da Grécia antiga, mostra bem como aquela gente colocava os temas públicos e comuns acima de quaisquer outros. Quando as pessoas deixavam de lado os assuntos comuns, até os deuses se iravam. Seguramente, o espírito republicano serve de inspiração — e isso também justifica o interesse por esta obra, que examina como, diante do nascimento da democracia, a sociedade, pelo teatro popular, discute e inventa o Direito.

Rio de Janeiro, junho de 2018.

NOTA DO AUTOR À 1.ª EDIÇÃO

"O que herdaste de teus pais, conquista-o para fazê-lo teu."
GOETHE, *Fausto*

Minha avó se chamava Irmtraut. Ela veio da Alemanha para o Brasil, no começo da década de 1930. Aqui, conheceu meu avô, também alemão. Como ele era judeu, não conseguiram voltar para casa, e meus bisavós tiveram que fugir para cá. Minha mãe nasceu no Brasil e casou-se com meu pai, filho de mineiros, e, dessa união, nasceram meus irmãos e eu. Há algum tempo, meu irmão decidiu pesquisar a história da nossa família e descobriu que o meu bisavô materno, o pai da Irmtraut (a quem eu chamava de vovó Tauti), quando morreu, tinha nas mãos um exemplar da *Ilíada*, de Homero.

Quando eu era pequeno, visitava minha avó Tauti com muita frequência. Ela fazia biscoitos de aveia e lia histórias para mim. Minha avó contava dos trabalhos de Hércules (ou Héracles), dos casos amorosos de Zeus, da Guerra de Troia e de tantos outros heróis e deuses. A mitologia grega passou, desde então, a ser uma grande companheira. Da mitologia para a história, depois para a filosofia, para a literatura e em seguida ao Direito. Tudo movido pela curiosidade.

Quando soube que meu bisavô, a quem jamais conheci, morreu abraçado à *Ilíada*, tive certeza de que ele contou essa história para minha avó, que, depois, veio a fazer o mesmo comigo. Possivelmente, o pai do meu bisavô, meu trisavô, ou talvez o avô dele, tenham agido da mesma forma com seus netos. De geração em geração, possivelmente entre as 110 gerações que separam os nossos dias daqueles vividos por Homero, no século VIII a.C., a mensagem dos gregos foi passada, construindo uma cultura, com valores comuns. O homem disseminou, pela tradição — de geração a geração —, esses valores, assim como minha avó, que deixou a Alemanha e veio para o Brasil, trouxe consigo sua bagagem cultural.

Num mundo em conflito (enquanto escrevo estas linhas, palestinos e israelenses se bombardeiam na Faixa de Gaza e ucranianos lutam com armas pela sua independência) e cheio de desigualdades, o meio mais eficaz de aproximar a humanidade é lembrar a nossa origem comum, com os valores que pavimentaram a nossa civilização.

As clássicas tragédias gregas, que sobrevivem há mais de 25 séculos, são estes grandes pilares sobre os quais repousam a nossa história comum. Elas nos fazem pensar e despertam sentimentos e propósitos fortes, como o repúdio à iniquidade (pois, afinal, um risco constante é o da banalização do mal) e a busca pela justiça.

Este trabalho sobre as tragédias gregas e seus aspectos jurídicos é, ao mesmo tempo, um ato de gratidão aos meus avós — José, Nair, Ernst e Irmtraut —, que já se foram, e um voto de esperança de que meus netos, que ainda não chegaram, guardem os bons valores.

Rio de Janeiro, outubro de 2015.

P.S.: Não estudei grego. Assim, minhas fontes são as diversas traduções que conheço para outras línguas. As traduções divergem, assim como, por vezes, diverge a minha interpretação acerca dessas versões. Segundo o tradutor português Agostinho da Silva, "a linguagem dos trágicos gregos não admite a transposição para outra língua",* principalmente em função de expressões da época. O que ficou, de 25 séculos que nos separam dessas obras, é a força das ideias que nelas se encontram. Assim, as traduções adotadas, por vezes ligeiramente alteradas, buscam sempre manter a fidelidade aos conceitos expressos nas peças.

---

* *Édipo rei*, 1984b, p. 12.

Apesar do tempo, a poesia dos dramaturgos gregos ainda nos emociona, como ocorre na seguinte passagem de *Ájax*, de Sófocles, na qual o herói, que dá nome à peça, lamenta:

Tempo, tão longo, tão incomensuravelmente longo,
Revela tudo que esteve obscuro e
Oculta o que era aparente. Para ele,
Nada é impossível. Até os mais fortes juramentos
Podem ceder, assim como cede a mais obstinada vontade.

INTRODUÇÃO
Direito, literatura e a eterna busca da justiça

"Quanto mais tempo fico sozinho, mais aprecio os mitos."
ARISTÓTELES

A história não caminha linearmente. Ela avança aos solavancos, com notáveis explosões de criatividade, normalmente temperadas pela rebeldia. Em alguns momentos, na jornada da civilização, o homem transcende seus limites, com inovações e conquistas fascinantes, que se incorporam definitivamente, à humanidade. A clava, as ferramentas rudimentares, o domínio do fogo, a proteção da caverna, os primeiros agrupamentos, a fala, a domesticação de animais, a agricultura, as cidades, a escrita, o Estado e, com ele, o Direito. Especificamente em relação à última conquista — o Estado — conseguimos enxergar na Grécia Antiga, mais especificamente no século V a.C. um salto extraordinário no seu desenvolvimento.[1]

Nesse ponto, vale fazer uma distinção entre cultura e informação. Vivemos numa sociedade assolada por informações. Temos fácil acesso a todo tipo de dados, sobre os mais diversos assuntos. As informações chegam pela televisão, pelo celular, pelos jornais (que, em breve, serão ultrapassados por outras mídias). A informação vale no momento, mas rapidamente se torna obsoleta. O resultado de um jogo de futebol, a cotação de certa moeda, a chuva que dominará o final de semana. Estas notícias não sobrevivem no tempo. Diferentemente, a cultura é tecida de registros de maior força. São conceitos fundamentais, obras de arte ou momentos políticos que, por sua importância, se firmam na memória coletiva, criando uma consciência comum. A partir da cultura, estabelecemos padrões de beleza, de correção, de justiça. A cultura nos une. Esses padrões culturais podem mudar com o tempo, mas a transformação é lenta e jamais o padrão antigo fica totalmente sufocado. Essas grandes obras que tecem a cultura atravessam os séculos, entronizadas por suas lições.

A informação pode ser armazenada indefinidamente. A cultura permite a melhor escolha de que fontes selecionar para buscar a informação adequada e a mais adequada forma de usá-la. Eis porque se revela fundamental recorrer a essas fontes de cultura, pois apenas assim a civilização humana não se fragmenta por completo, perdendo-se.

Para o aplicador do Direito, vale ressaltar que o raciocínio jurídico é analógico. "Analógico" vem de "analogia", palavra grega que significa proporção. Esta parte de uma comparação. Trata-se, pois, de um processo de raciocínio pelo qual se comparam situações ou coisas, nas suas dimensões, para daí chegar a uma conclusão. Para a analogia, é fundamental partir de algum ponto: de um padrão ou mesmo da distorção. Sem um paradigma, não há analogia, pois não se tem proporção. Para compreender e distinguir o feio do belo e o certo do errado, é necessário um raciocínio analógico. O melhor ponto de partida é fornecido pela cultura.

Hoje, quando se deseja colher alguma informação, as pessoas simplesmente digitam em seus aparelhos eletrônicos um nome, um objeto de pesquisa. O computador imediatamente devolve a informação. Não se olha para o lado, para trás ou para a frente. Trata-se de um mundo digital. A busca analógica, por sua vez, é distinta. A informação não se oferece pronta, mas deve ser encontrada por meio de um raciocínio. O Direito, como se disse, reclama essa apreciação analógica. Os fatos da vida, que servem de fonte à análise legal, não vêm prontos, tal como uma pesquisa feita no computador. O intérprete deve encontrá-los por meio do referido raciocínio analógico, que reclama padrões e pontos de partida. Sem cultura, essa busca, se não impossível, é, ao menos, seriamente comprometida.

Para a cultura ocidental, a primeira e elementar fonte de cultura vem dos gregos clássicos: Homero, Hesíodo e os dramaturgos do século V a.C. Dos dramaturgos gregos desse século, somente quatro tiveram parte de suas obras conservadas: Ésquilo, Sófocles, Eurípedes, com as tragédias, e Aristófanes, com as comédias.

Com as tragédias, todas escritas entre os anos 500 e 405 a.C. e, em certo ponto, com as comédias, consegue-se identificar a invenção do Direito como instituição, guardião de valores como a justiça e o respeito ao ser humano. Nesse momento histórico, o Direito separa-se da religião e ganha autonomia, com esteio na racionalidade.

O Direito encontra-se impregnado nessas obras, que representam, no conceito mais puro possível, o que se pode denominar de "cultura" e, como tal, moldaram a nossa civilização. Os dramaturgos gregos tiveram o papel de estabelecer padrões, até hoje válidos. Direta ou indiretamente, somos orientados por eles. Dante leu os gregos, Shakespeare leu os gregos,[2] assim como Milton e Joyce. Harold Bloom, o famoso crítico literário e pensador, afirma: "nosso único modo de pensar vem dos antigos gregos."[3]

Templo grego

Este trabalho procura apresentar essas peças, sobreviventes de 2.500 anos, representantes da "glória que foi a Grécia", para citar a conhecida expressão da *Ode à Helena*, de Edgar Allan Poe. A análise não é apenas a de um arqueólogo, que olha para um monumento compreendendo sua beleza e sua importância histórica. Essas peças estão vivas e nos tocam profundamente, revelando uma fascinante e assustadora atualidade.

Para um advogado, avulta a extraordinária força dos valores que essas peças carregam, assim como sua admirável posição de pedra fundamental na construção de uma sociedade democrática, na medida em que reconhecem a posição angular do ordenamento jurídico. Podemos dizer, assim, que foi por meio dessas peças que se inventou o Direito na forma como conhecemos hoje.

A civilização humana, naquele especial momento da história, havia acabado de conceber a democracia. A ideia de que os homens deveriam ser tratados de forma igualitária era revolucionária. Dentro desse novo conceito de relação entre os cidadãos, que se criava naquela época, era necessário estabelecer uma nova ordem jurídica. Num Estado democrático, não havia espaço para um Direito tirânico. O mesmo conceito de participação política e de respeito ao homem deveria prevalecer na forma como se solucionavam os conflitos, fossem eles entre os homens ou entre os homens e o Estado. Foi na função de estabelecer a nova ordem jurídica, harmônica com o sistema democrático, que os dramaturgos gregos do século V a.C. desempenharam um papel fundamental. Ao ler suas peças, entender o seu sentido e a força de sua mensagem, compreende-se que Ésquilo, Sófocles e Eurípedes inventaram o Direito.

Para antecipar o alvo de uma flecha, faz-se necessário identificar seu ponto de partida e o trajeto já percorrido. O mesmo se dá com os movimentos históricos e com o Direito. Assim, é fundamental compreender de onde viemos. Os grandes valores que permeiam o ordenamento jurídico foram inventados na Grécia clássica, assim, conhecer tais origens nos permite não apenas compreender melhor o Direito hoje, mas prever seu caminho e destino.

No Direito contemporâneo, busca-se, com especial atenção, alcançar a justiça. Esse mesmo propósito é tema comum em muitas das peças gregas clássicas. *Antígona*, por exemplo, gravita em torno deste fim. Para encontrar esse conceito fluido, deve-se percorrer um caminho de reflexão, no qual se revela fundamental ter como guia os padrões culturais.

Direito e literatura, nesse ponto, se encontram, por duas razões principais. Em primeiro lugar, porque a literatura é a mais caudalosa fonte de cultura. Por meio dela, absorvem-se os padrões que sustentam a sociedade. O nosso mundo não seria o mesmo sem Sófocles, sem os autores da *Bíblia*, sem São Paulo, Dante, Cervantes e Shakespeare. Certamente, a sociedade seria mais frágil e pobre. Ao ter acesso a estas fontes, entre outras, de verdadeira cultura, conseguimos distinguir o feio do belo, o errado do certo. A cultura educa, embora o arbítrio siga com o homem. Vê-se que, para a compreensão da justiça, a literatura é norte fundamental.

O segundo aspecto que permeia o encontro do Direito com a literatura reside na importância da interpretação. Para interpretar, isto é, extrair o sentido profundo das manifestações, a literatura atua como bússola, orientando o intérprete. Para Umberto Eco, "as obras literárias nos convidam à liberdade de interpretação, pois propõem um discurso com muitos planos de leitura e nos colocam diante das ambiguidades da linguagem e da vida".[4] A literatura nos faz pensar e refletir. Quem retira o sentido correto de um romance, fará o mesmo com uma lei ou com um contrato.

Segundo Ronald Dworkin,

> (...) *a prática jurídica é um exercício de interpretação não apenas quando os juristas interpretam documentos ou leis específicas, mas de um modo geral. (...) Proponho que podemos melhorar nossa compreensão do direito comparando a interpretação jurídica com a interpretação em outros campos do conhecimento, especialmente a literatura.*[5]

Portanto, conhecer as clássicas peças de teatro gregas tem profunda utilidade. Fonte de cultura, essas peças nos fazem pensar na justiça, no Direito, na nossa posição social e na nossa responsabilidade no mundo em que vivemos.

Não se trata, contudo, de um caminho simples. A linguagem das clássicas peças gregas é arcaica e, em determinados momentos, a ação parece não existir. As mensagens não vêm "mastigadas", mas, antes, reclamam nossa inteligência. Kitto, um erudito inglês, autor de um clássico estudo sobre o tema, reconhece que Ésquilo não oferece um acesso fácil ao leitor moderno. Entretanto, alerta o professor, para a melhor compreensão, é necessário não apenas mergulhar no arcaísmo, mas também questionar a modernidade.[6]

Friedrich Nietzsche finaliza sua obra de juventude, *O nascimento da tragédia*, narrando o assombro de um forasteiro chegando à Grécia e exclamando: "Bem-aventurado o povo dos helenos!" Diante disso, um velho ateniense teria replicado: "Mas dize também isso, ó singular forasteiro, quanto precisou sofrer este povo para poder tornar-se tão belo! Agora, porém, acompanha-me à tragédia e sacrifica comigo no templo de ambas as divindades."[7]

NOTAS

[1] C. Van Doren, *Uma breve história do conhecimento*, p. 50.
[2] H. Bloom, *A anatomia da influência*, p. 59.
[3] H. Bloom, *Abaixo as verdades sagradas*, p. 36.
[4] U. Eco, *Sobre a literatura*, p. 12.
[5] R. Dworkin, *Uma questão de princípio*, p. 217.
[6] H.D.F. Kitto, *Greek Tragedy*, p. 55.
[7] F. Nietzsche, *O nascimento da tragédia*, p. 142.

1 | O TEMPO DOS DRAMATURGOS GREGOS

"Todos os homens têm, por natureza, desejo de conhecer."
ARISTÓTELES, *Metafísica*

esde 3000 a.C., a península grega e as ilhas ao seu redor já se encontravam habitadas por um povo que se denominava egeu. Não havendo, naquela região, terras especialmente férteis, os habitantes logo se dedicaram ao comércio.[1]

Mapa da Grécia

No início, desenvolveu-se a civilização minoica, em cujo centro se encontrava a ilha de Creta, no Mediterrâneo. Os minoicos, que viveram seu esplendor por volta de 1600 a.C., construíram palácios sofisticados, como o de Cnossos — cujos labirintos originaram a lenda do minotauro e do fio de Ariadne —, e chegaram a estabelecer colônias no continente. A religião venerava a deusa-mãe, ligada à terra.

Acredita-se que um violentíssimo abalo sísmico, ocorrido por volta de 1470 a.C., com epicentro na ilha de Tera, hoje Santorini, foi o principal motivo da derrocada dessa civilização.[2] Com o fenômeno, a maior parte dessa ilha simplesmente desapareceu. Os efeitos da catástrofe foram sentidos duramente por toda a região. Ondas gigantescas e a enorme quantidade de fumaça tóxica desgraçaram por décadas os campos de cultivo de Creta.

A partir de 2000 a.C., observou-se no continente o ingresso de povos oriundos da Europa central, principalmente os aqueus (na *Ilíada*, de Homero, os gregos se referem a eles próprios como *aqueus*).

Um pouco adiante, já na península grega, floresceu a civilização micênica, com centro na cidade de Micenas. Esses dominaram a Grécia de 1600 a 1100 a.C. subjugando os cretenses. A grande parte dos mitos gregos relata lendas de fatos que teriam ocorrido nessa época.

Por volta de 1100 a.C., ocorreu uma onda de invasões à península, liderada pelos dórios, outro povo proveniente da Europa.

A partir da miscigenação de todos esses povos, surgiram os gregos, ou helenos.* Neste contexto, a criação de uma religião própria foi fundamental para a sua unidade e identidade. Os gregos, então, desenvolveram uma religião particular, pródiga em lendas e contos, cuja crença baseava-se num mundo governado por uma família de deuses: Zeus, Poseidon, Afrodite, Apolo, Atena, Ares, Hera, entre tantos outros.

Os deuses possuíam as mesmas formas dos homens e a mesma natureza. Experimentavam os mesmos sentimentos de amor, paixão, inveja, ciúme, raiva e compaixão. Como registra Barbara Heliodora: "Esses deuses não eram nem tão misteriosos nem tão poderosos quanto os do Oriente, apenas uma espécie de seres humanos exagerados, que viviam exacerbações das mais corriqueiras intrigas

---

* Os gregos chamavam sua terra de Hélade e eles, os helenos. O termo *grego*, ao que tudo indica, provém dos romanos.

humanas."³ Na mitologia grega, os homens, assim, eram próximos dos deuses.

Muitas das conhecidas lendas narravam romances e desventuras entre deuses e mortais, nas quais todos interagiam, inclusive amorosamente. Bem-vistas as coisas, tratava-se de um mundo humano, pois até os deuses assim o eram.*

"Também o amante do mito é de algum modo filósofo."
ARISTÓTELES, *Metafísica*

O mundo grego clássico não se limitava ao que hoje chamamos de Grécia, mas abrangia toda a área de influência da cultura grega, onde o povo adorava os mesmos deuses e falava uma língua comum. Havia, inclusive, uma identidade da forma escrita, cuja origem se deu por volta do ano 800 a.C. Nunca houve uma unidade de governo ou uma nação grega, entretanto, havia uma inequívoca identidade daquele povo.

A união advinha principalmente de um forte senso comum de cultura. O grego tinha orgulho da *Ilíada* e da *Odisseia*, obras de Homero que marcam, "por consenso geral, o início da literatura europeia".⁴ Essas obras foram compostas por volta do ano 750 a.C., constituindo "o mais velho livro escolar do mundo".⁵ Francesco Galgano afirma:

> *Le origine del diritto si confondono con le origine della poesia. L'Iliade è, in Ocidente almeno, la prima grande realizzazione poetica del genere umano. È, al tempo stesso, la più antica fonte di conoscenza del diritto.*⁶

Tão relevante é a importância de Homero, que a grande parte das tragédias clássicas de Ésquilo, Sófocles e Eurípedes cuidava de fatos ocorridos após a Guerra de Troia, tema central de sua obra, como ocorre, por exemplo, nas peças *Agamenon* e *Electra*. Aliás, há um

---

* Na jocosa frase de Mallarmé: "Se os deuses nada fazem de inconveniente, é porque deixaram de ser deuses." (tradução livre). No original: "Si les dieux ne font rien d'inconvenant, c'est alors qu'ils ne sont plus dieux du tout."

Busto de Homero

enorme simbolismo no fato de a literatura ocidental ter-se iniciado com um autor cego, como indica a descrição — algo mitológico — que se tem do autor da *Ilíada*. Para Hegel, "Homero é o elemento no qual vive o mundo grego, como é a atmosfera para o homem".[7]

Encontram-se fundamentos e princípios para tudo nas extensas obras de Homero, o que explica o fato de ele ser citado com frequência como exemplo para um sem-número de assuntos.

A *Ilíada* narra o nono ano da mítica Guerra de Troia, povoada de heróis que lutavam pela Grécia contra a Ílion, como os gregos chamavam Troia, cidade cujas ruínas se situam na costa da Turquia.*

Segundo a lenda, a célebre guerra tem início porque o príncipe troiano Páris rapta Helena, mulher de Menelau, irmão de Agamenon, líder maior dos helenos. O príncipe Páris, hóspede de Menelau, se apaixona por Helena e não tem pudor de fugir com ela para a sua casa em Troia. Os gregos se organizam para guerrear e trazer Helena de volta. Portanto, foi dela, para citar o famoso verso de Marlowe, "o rosto que lançou ao mar mil navios".**

---

* Uma explicação histórica para a Guerra de Troia, que possivelmente ocorreu no século XI a.C., é a busca, dos gregos, por estanho. Na península grega, havia o cobre, mas também era necessário o estanho para produzir o bronze, com isso, ter um metal mais resistente (o bronze é composto por 10% de estanho e 90% de cobre). Outra explicação é a de que aquela cidade, que dominava o estreito de Dardanelos, cobrava uma taxa dos comerciantes gregos pela passagem.

** A passagem inteira de Marlowe, no *Doutor Fausto*, é: "Was this the face that launch'd a thousand ships And burnt the topless towers of Ilium? Sweet Helen, make me immortal with a kiss."

Helena por Boticcelli

A história da *Ilíada*, que narra apenas 54 dias da contenda, começa quando a guerra já conta com muitos anos e há uma divergência entre os líderes gregos. Acaba pouco depois, ainda antes do término do famoso combate, com o funeral de Heitor, o grande herói troiano, filho dos reis de Troia, Hécuba e Príamo.

Inicialmente, a narrativa trata de um mundo habitado por deuses e, de forma gradual, a ação passa aos homens. No conflito, até os deuses tomam partido: Ares, Afrodite, Apolo e sua irmã Artemis pelos troianos; Atenas, Hera, Poseidon e Hefesto pelos gregos. Zeus, como um sábio líder, não se vincula a nenhum dos lados.

Como se percebe, depois de nove anos de disputa, a guerra parece ser a causa da própria guerra.

A trama começa no momento em que, no meio da guerra, o irascível Aquiles, o maior herói dos gregos, se retira da luta ("Canta, ó deusa, a ira funesta de Aquiles" são os primeiros versos do longo poema. Mais especificamente, "mênin" — que significa "ira" — é a primeira palavra da literatura ocidental. Um começo poderoso, mas também ameaçador. Logo adiante, registra-se: "Começa, Musa, quando os dois pela primeira vez brigaram e se enfrentaram, Agamenon, senhor dos homens, e o brilhante Aquiles"). O grande herói Aquiles entra em conflito com o chefe da expedição grega, Agamenon, a quem acusa de arrogante. A reclusão de Aquiles faz com que os adversários troianos se animem e, ao mesmo tempo, com que os guerreiros gregos remanescentes busquem sua glória, uma vez que o principal herói não irá combater.

Entre os guerreiros gregos se encontra Pátroclo, melhor amigo de Aquiles, que, com a armadura deste, se lança ao campo de batalha. Apesar de a armadura do grande herói causar temor na tropa inimiga, Pátroclo acaba morto pelas mãos de Heitor, príncipe e grande combatente troiano. O amigo de Aquiles morre porque ultrapassou sua *metron*, ou seja, seus próprios limites. Sua morte provoca outra vez a ira de Aquiles, que volta a lutar para vingar o amigo, humilhando e matando Heitor.

Hécuba e Príamo sofrem duramente a perda do filho. O rei é obrigado a suplicar, rebaixando-se para obter o corpo do falecido filho. Implorando a Aquiles que lhe devolva o cadáver de Heitor, Príamo pede ao herói grego que se recorde do próprio pai. Príamo e Aquiles choram juntos: aquele, pelo seu filho morto, e este, por seu pai. O corpo de Heitor é entregue.

Aquiles, no entanto, tomado de sua conhecida cólera, acaba morto em batalha, vitimado por uma flecha que atinge seu calcanhar, única parte vulnerável de seu corpo.* Sua morte simboliza a opção por uma vida intensa, porém fugaz. Aquiles escolhe, conscientemente, morrer cedo, mas conquistar a fama eterna. Sua morte marca o fim da Ilíada.**

Agamenon era o líder dos gregos. Entretanto, sua liderança era, por vezes, questionada. Logo no início da Ilíada, narra-se um eloquente episódio, no qual um sacerdote troiano chega ao acampamento grego, suplicando a devolução de sua filha, Criseida (ou Créssida), aprisionada pelos gregos. Os guerreiros se reúnem em assembleia e decidem restituir a jovem troiana ao sacerdote. Entretanto, Agamenon, o comandante dos aqueus, decide, contrariando seus liderados, não entregar a cativa, pois a queria para si. Movido por esse sentimento menor, Agamenon recusa o pedido do velho sacerdote e chega a ameaçá-lo. A conduta do líder grego suscita a fúria do deus Apolo, de quem o sacerdote era devoto. O deus, então, espalha uma peste no acampamento grego.

Fica claro que o chefe da expedição agiu equivocadamente. Diante disso, o grande guerreiro Aquiles convoca nova assembleia, na qual os generais gregos forçam Agamenon a devolver a cativa e a fazer sacrifícios para o deus Apolo. Com a humilhação de Agamenon, obrigado a ceder, os gregos conseguem aplacar a cólera do deus. Nesse episódio, Homero deixa claro que a atividade do líder não pode ser ilimitada, muito menos guiada pela ira. O líder não deve pensar em si, mas no interesse comum.

Há, ainda, outra passagem na Ilíada na qual Homero explicita a necessidade de legitimar a liderança. Agamenon, o chefe da expedição grega, com a sua autoridade ameaçada, elabora um plano audacioso: ele informa ao Conselho dos líderes gregos que dará a ordem para abandonar o cerco de Troia e voltar para a Grécia. Agamenon

---

* A lenda da vulnerabilidade do calcanhar de Aquiles é pós-homérica. Diz-se que a mãe de Aquiles, a deusa Tétis, para garantir a imortalidade do filho, fruto de uma união com o humano Peleu, mergulhou-o num líquido que lhe garantiria a invulnerabilidade, segurando-o pelo calcanhar.

** Para H. Bloom (Onde encontrar a sabedoria?, p. 86), que coloca a Ilíada ao lado das obras de Shakespeare e Dante, "Homero é, ao mesmo tempo, escritura e livro de conhecimentos gerais".

espera que seus soldados protestem, pois imagina que estes estão preocupados com o saque da cidade sitiada, o que não aconteceria caso a expedição voltasse naquele momento.

O plano de Agamenon, todavia, não funciona, porque os soldados, fartos da guerra, com a ordem de retirada, correm aliviados para os navios. Cabe a Ulisses demover os combatentes e fazê-los retornar a seus postos. Segue-se, então, uma assembleia, da qual todos participam e na qual um soldado censura Agamenon. É incrível notar como Homero, no século VIII a.C., registrou a crítica de um soldado, um homem comum, ao seu rei, embora anote que o tal soldado tenha sido punido pela ousadia. Trata-se, a rigor, da única passagem da *Ilíada* na qual se manifesta uma personagem que não seja um deus ou um nobre.

Um aspecto notável da *Ilíada* reside na forma humana como os troianos são retratados. Os inimigos dos gregos, na obra de Homero, têm elevados sentimentos e condutas nobres. Homero não pinta os troianos como vilões, mas, ao contrário, como homens que merecem toda a admiração. Não há como deixar de se emocionar com a despedida de Heitor, de sua mulher e do seu filho, ou com as súplicas e humilhações do velho rei Príamo para receber o corpo do filho morto.

De toda sorte, a deficiência do controle político afeta negativamente tanto os gregos como os troianos. Se a inabilidade e egoísmo de Agamenon é ressaltada, também se registra que os troianos se engajam numa guerra fútil, motivada por um ato indefensável de seu impopular príncipe Páris, que raptou a estrangeira Helena. A lealdade familiar (pois o rei Príamo protege seu filho) se sobrepõe ao interesse público e isso acarreta a desgraça de Troia. As consequências da liderança irresponsável são sempre ruins.

A *Odisseia*, por sua vez, trata do retorno de Ulisses (Odisseus, em grego) para casa, depois de terminada a Guerra de Troia. De certa forma, a *Odisseia* é uma antítese da *Ilíada*, pois, enquanto uma trata da guerra, a outra fala do retorno ao lar. Aquiles é conhecido por sua força, ao passo que Ulisses se destaca por sua inteligência.[8]

Na *Odisseia*, Homero distingue o homem selvagem e o civilizado. Isso se dá em uma passagem do livro nono, quando Ulisses e seus companheiros atracam seus barcos na ilha dos ciclopes, homens enormes, brutos, de um olho só. O herói teme encontrar na ilha "um homem selvagem que desconheça a justiça ou a lei". Os ciclopes não vivem em comunidade, mas de modo isolado, cada qual em sua caverna. Eles representam precisamente esses selvagens que discrepam do homem vivendo em comunidade, como ocorria com os gregos. O único olho e o canibalismo servem de boa metáfora.

No episódio, Ulisses é aprisionado pelo ciclope Polifemo, mas consegue embriagá-lo, pois o gigante ignorava os efeitos do vinho. Uma vez bêbado, Ulisses cega o único olho do ciclope e foge. Aqui, fica claro que, para Homero, o homem civilizado é aquele que conhece a justiça e a lei.

Ultrapassados um sem-fim de aventuras, Ulisses — protegido por Atenas, mas perseguido por Poseidon — finalmente retorna para a sua fiel Penélope e seu filho Telêmaco.[9] Como registra Bloom, "Odisseu jamais quis partir para Troia, deseja apenas voltar para casa, para a companhia da esposa, do pai, do filho, do reino ilhéu".[10]

Se uma obra de Homero trata da guerra e da honra do homem, a outra indica a importância da família, fornecendo uma bela receita para a felicidade. Uma eloquente demonstração desta diferença encontra-se na passagem na qual Ulisses desce ao Hades, o inferno dos gregos, a fim de falar com o vidente Tirésias, mas encontra Aquiles, o grande herói, agora morto. Este confessa a Ulisses:

Não fales em vitória sobre a morte, Ulisses!
Por deus, antes ser escravo de outro homem na Terra
— algum camponês miserável que labute para sobreviver —
do que reinar aqui, sobre os mortos que não respiram.

A lição é singela: a vida é valiosa. Aquiles, o maior dos heróis, trocaria a sua fama imorredoura pela vida.*

Também é na *Odisseia* que se encontra a seguinte passagem:

Vede, vede como os mortais lançam sempre a culpa sobre nós, os deuses! Somos a fonte do mal, dizem eles, quando, na realidade,

---

* Nota-se o eco da observação de Heródoto: "Ninguém será tão tolo que prefira guerra à paz: na paz os filhos enterram os pais, enquanto na guerra os pais enterram os filhos."

devem agradecer apenas à própria loucura, se suas desgraças são piores do que deveriam ser.

Os homens são os senhores de seus destinos e, como tal, são responsáveis pelos seus atos e não títeres nas mãos de forças superiores. A compreensão dessa responsabilidade é essencial para o desenvolvimento do mundo jurídico e já estava plantada em Homero.

Sendo assim, tanto a *Ilíada* como a *Odisseia* representam uma fonte essencial para a compreensão da cultura grega. Entre as duas obras, contudo, a *Ilíada* era reputada pelos gregos como a maior.[11]

Outra importante fonte da cultura grega, ao lado de Homero, é Hesíodo, como aponta Sandra Newman: "Enquanto Homero é o poeta dos aristocratas, Hesíodo é o poeta das classes trabalhadoras."[12] Hesíodo, poeta que viveu por volta de 750 a.C., escreve a *Teogonia*, na qual explica a gênese dos deuses e como Zeus ascende ao poder e onde encontramos a fonte mais pura da mitologia grega, com a explicação da origem dos deuses.

O segundo poema de Hesíodo, igualmente clássico, é *Os trabalhos e os dias*. Como registra Werner Jaeger, "em Hesíodo revela-se a segunda fonte da cultura: o valor do trabalho".[13] O homem mostra sua importância não apenas nos campos de batalha, mas na silenciosa labuta diária para criar sua família. Desta forma, o poema termina: "assim faze: trabalho sobre trabalho trabalha."[14] Eis aqui outro grande valor da civilização.*

A obra tem uma natureza didática, que explica "os traba-

Júpiter e Tétis de Ingres

---

* Segundo R.E. Backhouse (*História da economia mundial*, p. 27). "A poesia de Hesíodo oferece uma boa ilustração dos primeiros textos sobre questões econômicas."

lhos da terra e determina as épocas propícias em que se deve empreendê-los".[15] O enredo, narrado de forma inovadora na primeira pessoa, relata o fato de que o irmão de Hesíodo, Perses, usurpa a herança dos pais, em vez de dividi-la com os irmãos. Essa situação, para Hesíodo, derivava de uma deficiente formação do homem. Seu poema, nesse contexto, enaltece a justiça. O poema fala sobre a necessidade do trabalho e de uma vida comedida, exalta a vida em família e a busca pela justiça. Trata-se, pois, de um código de conduta. "Trabalho não é vileza, vergonhoso é não trabalhar."*

Os deuses gregos

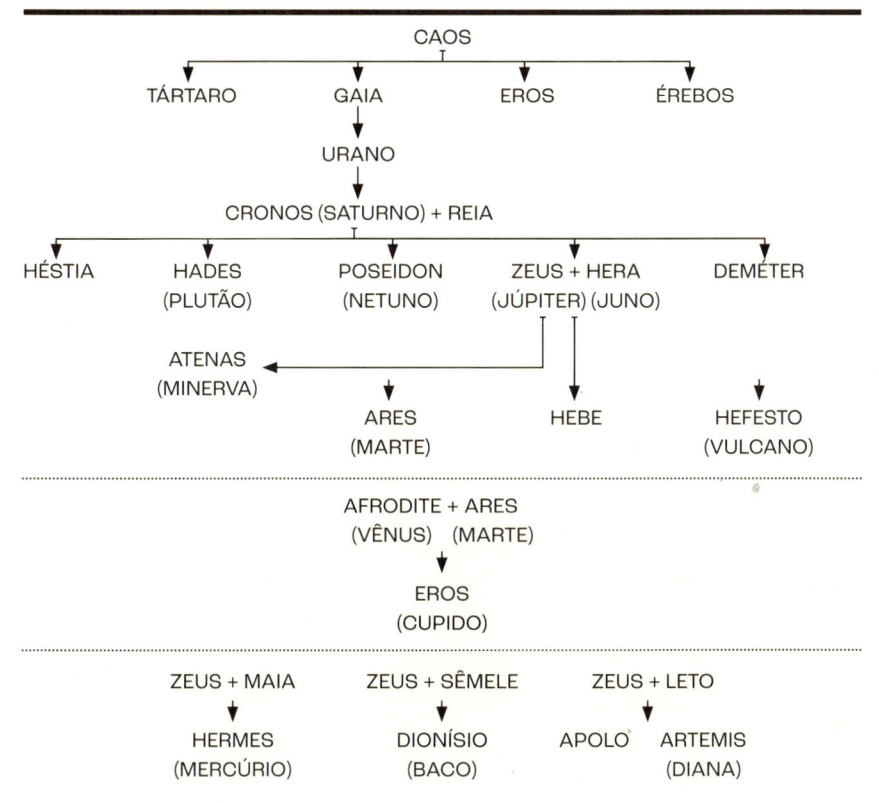

```
                          CAOS
          ┌──────────┬─────────┬──────────┐
       TÁRTARO     GAIA      EROS      ÉREBOS
                    │
                  URANO
                    │
            CRONOS (SATURNO) + REIA
   ┌────────┬──────────┬──────────────┬──────────┐
HÉSTIA   HADES     POSEIDON    ZEUS + HERA    DEMÉTER
        (PLUTÃO)   (NETUNO)   (JÚPITER)(JUNO)
         │
      ATENAS
     (MINERVA)
                    ARES          HEBE       HEFESTO
                   (MARTE)                  (VULCANO)
```

```
            AFRODITE + ARES
            (VÊNUS)   (MARTE)
                  │
                EROS
               (CUPIDO)
```

```
  ZEUS + MAIA     ZEUS + SÊMELE     ZEUS + LETO
       │                │                │
    HERMES          DIONÍSIO       APOLO   ARTEMIS
   (MERCÚRIO)        (BACO)                (DIANA)
```

Os nomes entre parênteses são os usados pelos romanos.

---

* Estrofe 311 de *Os trabalhos e os dias*.

Homero e Hesíodo formam a base da cultura grega, fundamentalmente venerada pelos gregos. Um bom exemplo disto é o episódio narrado por Plutarco[16] no qual, na Guerra do Peloponeso, os soldados atenienses, mesmo derrotados em Siracusa, eram libertados caso soubessem declamar de cor obras de Eurípedes.

Os gregos de então acreditavam descender de um ancestral comum: Deucalião, o equivalente ao Noé da mitologia judaico-cristã, filho de Prometeu, que gerou Hélen, fundador da raça helênica. Os filhos de Hélen foram ancestrais dos dórios, jônios e eólios. Quem não fosse heleno, ou seja, todos os outros povos, era bárbaro, alheio à civilização.

A crença comum no Oráculo de Delfos é mais um fator determinante da unidade grega. Nesta cidade, situada no continente grego, havia o centro de culto a Apolo, um deus purificador. No frontispício do principal templo de Apolo em Delfos, havia os seguintes dizeres: "Conhece-te a ti mesmo."

As Olimpíadas consistiam em outra grande instituição helênica. Esse concurso de atividades esportivas, das quais participavam pessoas vindas de todo mundo helênico, começou a ser disputado em 776 a.C. e se repetia a cada quatro anos. A partir de então, os gregos passaram a contar o tempo pelas Olimpíadas. Sua importância era tamanha que até as guerras eram suspensas para a realização dos jogos.

Os reis, na península grega, nunca tiveram uma força semelhante a dos déspotas orientais. O poder estava fracionado nas diversas cidades existentes na área que hoje conhecemos como a Grécia, a orla da Turquia, a Sicília e o sul da Itália. Nos tempos de Homero, as comunidades tinham seus líderes, denominados basileus, sendo o poder passado de pai pra filho. Essa era a situação de Menelau e Ulisses. Aos poucos, ao invés de o governo estar centrado na mão de uma só pessoa, um grupo composto de donos de terras assumiu a liderança. O controle das cidades passou, então, às mãos de uma oligarquia composta por esses senhores de terras.

As pólis gozavam de independência administrativa e política e criavam, ao redor de si, uma área de domínio. Atenas era a cidade de maior destaque. A partir dela, fluíram os principais fatos e os grandes avanços da humanidade. Segundo a lenda, o nome da cidade foi disputado entre Poseidon, o deus dos mares, e Atenas, a deusa da sabedoria. Para aferir quem seria o vencedor, cada um deles deu algo à cidade. Poseidon apresentou o cavalo, Atenas, a oliveira. Os cidadãos preferiram a oliveira e, assim, a cidade foi batizada com o nome da deusa.

Em uma outra versão dessa contenda, a escolha entre Poseidon e Atenas foi submetida ao povo. Na época, as mulheres votavam e optavam, unissonamente, por Atenas. Como o número de mulheres era superior ao dos homens, a deusa ganhou a disputa. Poseidon, então, vingou-se das mulheres: elas seriam proibidas de votar e seus filhos não receberiam mais o nome das genitoras.

Aos poucos, a oligarquia perdeu seu vigor e deu lugar à fase dos tiranos. O cargo dos governantes dos pequenos estados não era hereditário, eles tomavam medidas em benefício da grande população, como a promoção de festivais de teatro e a construção de templos, para manter-se no poder. Tratava-se de uma mistura de chefe de polícia com líder popular (*demagogo*). Alçados ao poder com o apoio das classes menos favorecidas, que se rebelavam principalmente contra os grandes proprietários de terra, sua época serviu de passagem entre a oligarquia e a democracia.

Foi durante o comando do primeiro tirano de Atenas, Pisístrato, governador da cidade entre 546 e 527 a.C., que se iniciou oficialmente o culto ao deus Dionísio. Em 535 a.C., Pisístrato cria o concurso de peças teatrais em homenagem a Dionísio. Com isso, o ritual religioso passa, ainda que de forma gradual, a se transformar numa representação humana, uma expressão artística.

A estratégia de Pisístrato para se consolidar no poder tem muitas semelhanças com situações modernas. Ele forjou um atentado contra a sua própria vida e aproveitou-se disso para reforçar seu corpo de guarda-costas.[17] Essa milícia foi utilizada depois para que o tirano tomasse a Acrópole. Em outro momento de instabilidade, Pisístrato cruzou a cidade de Atenas num carro dourado, acompanhado por uma belíssima (e espantosamente alta) jovem, vestida numa armadura, apresentada como sendo a própria deusa Atenas. A população mais humilde acreditava estar vendo a divindade e votou em Pisístrato, o que lhe rendeu a vitória, ainda que apertada.

Além disso, o tirano financiou camponeses, a fim de mantê-los afastados da política.[18] O estímulo aos cultos e festivais religiosos, levado adiante por Pisístrato, estava inserido na estratégia de criar diversionismos, conservando a massa sob controle.

Pisístrato conseguiu transferir seu poder em Atenas ao seu filho Hípias. Entretanto, em 510 a.C., Hípias e sua família foram expulsos da cidade e Clístenes passou a governar. Instaurou-se a igualdade perante a lei. Clístenes deu mais poderes à assembleia dos cidadãos, e pode-se dizer que a democracia começa nesse momento, ainda que não de forma ampla.

Uma das medidas de Clístenes foi suprimir oficialmente antigas associações — grupos de famílias que se uniam amalgamando forças políticas —, a fim de garantir que mais pessoas tivessem acesso ao poder.[19]

Clístenes instituiu o ostracismo: a assembleia poderia banir um cidadão, por dez anos, caso entendesse que a sua presença era lesiva à cidade. Para que se verificasse o desejo dos cidadãos, o nome da pessoa era escrito em óstracos, pedaços quebrados de cerâmica, que eram contabilizados. Esse recurso foi utilizado pela primeira vez em 487 a.C. Interessante notar que o ostracismo não significava a expropriação de bens do exilado. O condenado ao ostracismo e sua família conservavam o patrimônio.

Nessa mesma época, ou seja, a partir do final do século VI a.C., houve uma série de guerras entre gregos e persas. O estopim dessas lutas foi a política expansionista de Ciro, rei dos persas. Seu filho, Dario I, que governou de 521 a 485 a.C., revelou-se ainda mais ambicioso que o pai. Conquistou uma enorme extensão territorial, chegando até a Índia. Dario pretendia anexar a península grega aos seus domínios.

Até então invencível, Dario envia seu genro, Mardônio, com cem mil homens, para invadir, por mar, a Grécia. Essa primeira investida não tem sucesso em decorrência de uma providencial tempestade, que destrói a armada persa. Diz-se que, depois dessa derrota, Dario instruiu um servo de seu palácio para que, todos os dias, antes de servir a comida, lhe dissesse: "Senhor, lembre-se dos atenienses." Assim, Dario jamais se esqueceria de quem deveria vingar-se.

Segue uma segunda tentativa, desta feita com um número ainda superior de combatentes persas. Segundo relata Heródoto, a Erétria, importante cidade da costa ocidental da Grécia, é tomada, saqueada e todos os seus habitantes escravizados. Atenas, a maior cidade grega da época (embora fosse, entre as grandes, a última a se formar), resiste. Seus generais combatem com entusiasmo e vencem os persas na planície de Maratona, em 490 a.C.[20] Um soldado, Fidípides, foi encarregado de levar, com a maior velocidade possível, a notícia da vitória de Maratona a Atenas. Ao chegar, exaurido, conseguiu apenas gritar: "Nenikékamen!" — isto é, "vencemos" —, para cair morto em seguida.*

Com a morte de Dario, em 485 a.C., seu filho Xerxes assume o trono. O novo líder persa tem as mesmas aspirações de seus antecessores e decide, outra vez, lançar uma campanha para conquistar a Grécia.

Estima-se que, nessa nova investida, os persas traziam um milhão de combatentes. Diante dessa força descomunal, Atenas, Tebas e Esparta, entre outras cidades gregas, se unem. Leônidas, rei de Esparta, arma trincheira com seus trezentos homens, no desfiladeiro das Termópilas. Lutavam, ao lado dos valentes espartanos, um grupo de poucos milhares de guerreiros gregos, oriundos de diversas cidades, todos empenhados em evitar a invasão.

Leônidas e seus homens lutaram até a morte. Quando foram ameaçados pelos persas de que seriam lançadas tantas flechas contra os gregos que o sol ficaria coberto, Leônidas teria laconicamente respondido: "Tanto melhor, combateremos à sombra." E com essa heroica determinação, conseguiram evitar que a invasão se desse mais rapidamente.

Para o líder e seus bravos espartanos, o poeta lírico Simônides compôs o seguinte epitáfio, citado por Heródoto:

Estrangeiro, vai dizer aos espartanos que aqui jazemos,
Obedientes às suas leis.

Atenas foi invadida e sua Acrópole destruída em 21 de setembro de 480 a.C. Mas os atenienses não se renderam. Seguiram lutando,

---

* Eis a origem lendária da famosa corrida de maratona. Entretanto, a verdadeira história é a de que o soldado correu de Maratona a Esparta, numa impressionante distância de 250 quilômetros. A distância da maratona moderna, por sua vez, foi estabelecida nas Olimpíadas de Londres de 1908. Os 42.195 metros separam o Castelo de Windsor do Estádio Olímpico de Londres.

agora pelo mar. Encontraram a esquadra persa em Salamina, no ano de 479 a.C.,* onde, sob a liderança de Temístocles, venceram os invasores. Xerxes, que assistiu ao malogro na batalha naval, decidiu retroceder. Contudo, parte do exército persa seguiu no continente grego. A derrota definitiva dos persas, expulsos da Grécia continental, ocorreu apenas em agosto de 479 a.C., em Plateia.

Essa guerra, a rigor, representava muito mais do que apenas o desejo de expansão de um povo. Na verdade, tratava-se de uma guerra de civilizações: de um lado, a europeia e progressista Grécia, e, de outro, a autocrática Pérsia asiática. Na Grécia de então, construía-se a democracia, o governo dos homens para os homens, ao passo que na Pérsia o rei ainda era um deus, um ser superior, de natureza distinta da de seu povo.

As vitórias gregas em Maratona, Salamina e Plateia, assim como a resistência heroica nas Termópilas alimentaram o orgulho dos helenos.

Os gregos não lutavam apenas por sua terra. Lutavam pela democracia. Haviam conquistado, antes de qualquer outro povo, o direito de se autogovernar. Segundo Hegel, tratando exatamente desse embate entre gregos e persas, "nunca, na história, a superioridade da força espiritual se mostrou acima das massas numa forma mais esplêndida".[21] Para o filósofo, esse conflito foi decisivo para a história mundial.

Toda essa epopeia é narrada pelo primeiro historiador, Heródoto, contemporâneo desses acontecimentos, pois nasceu em 484 a.C. Ele, de forma revolucionária, sistematiza a análise dos fatos, descrevendo costumes,** aspectos geográficos e étnicos, muito embora a narrativa ainda apresente elementos fantásticos e o autor credite certos eventos aos desígnios divinos.

---

* A supremacia grega no mar foi estabelecida na batalha de Salamina. Os gregos inovaram, valendo-se de trirremes, navios que contavam, em cada costado, com três ordens de remos, o que lhes dava mobilidade e velocidade (sobre a batalha, ver A.L. Chevitarese,"A batalha naval de Salamina e as fonteiras ocidentais", in *Guerra no mar*, 2009).

** Heródoto, em sua *História*, narra um curioso fato: "CXCIX — Os Babilônios possuem, todavia, uma lei vergonhosa: toda mulher nascida no país é obrigada, uma vez na vida, a ir ao templo de Vênus para entregar-se um estrangeiro." (Heródoto, *História*, p. 171).

A luta pela democracia, no que diz respeito a esses gregos, não foi metafórica: foi física, real. A democracia foi garantida por meio de guerra. E, com o fim do conflito, tendo derrotado o até então invicto poderoso Império Persa, os gregos enfim viveram um período de paz.

Em 461 a.C., Péricles assume o governo de Atenas, para nele se manter até 429 a.C., quando morreu, vítima de uma peste que assolou a cidade. Embora o governo tenha durado 32 anos, Péricles acabou dando nome a todo o século V a.C., período de apogeu da sociedade ateniense.

Péricles

Péricles é um bom exemplo do governante ilustrado: homem rico oriundo da aristocracia de Atenas, bisneto de Clístenes, fora discípulo dos filósofos Anaxágoras e Zenão de Eleia. Ao assumir o poder, tratou de garantir que os cidadãos de Atenas tivessem acesso aos bens públicos. Embelezou sua cidade, ao construir o Teatro de Dionísio, com capacidade para trinta mil pessoas.

Péricles consolida a liderança da assembleia de cidadãos de Atenas, denominada *Ekklesia*. Sob sua direção, em 460 a.C., a assembleia toma o poder do *Aeropagus*, o Conselho dos aristocratas, e admite o ingresso de qualquer pessoa aos cargos de governo, independentemente de sua situação financeira.

A política foi uma extraordinária invenção grega. Eles promoveram uma dupla revolução: primeiro, identificaram a fonte da autoridade na pólis, isto é, na comunidade,[22] e depois, decidiram que a comunidade deveria discutir seus problemas e projetos, cabendo aos cidadãos votar, sendo que cada pessoa valia um voto. Assim, estava criada a democracia, o poder entregue aos cidadãos.

1 | O TEMPO DOS DRAMATURGOS GREGOS

Teatro de Dionísio

Montesquieu, na sua célebre obra *Do espírito das leis*, relata que, em Atenas, no período clássico, caso um estrangeiro se introduzisse clandestinamente na assembleia do povo, era punido com a morte. Isso porque tal homem usurpava a soberania popular.[23]

Esse modelo diferia muito de tudo o que se vira até então. Outros reis e soberanos poderiam, se quisessem, ouvir conselhos, mas seguiam seus próprios desideratos. Com a *invenção* grega, o homem não governava sozinho. Nesse ponto, vale repetir o famoso discurso de Péricles, proferido em rito fúnebre de um soldado morto ao defender Atenas:

> *Vivemos sob uma forma de governo que não se baseia nas instituições de nossos vizinhos; ao contrário, servimos de modelo ao invés de imitar outros. Seu nome, como tudo, depende não de poucos, mas da maioria, é democracia.*[24]

Xenofonte narra um diálogo imaginário, ocorrido na década de 430 a.C., entre Péricles e o então adolescente Alcebíades, seu tutelado. Discutia-se a natureza das leis:

— Diz-me, Péricles, podes me explicar o que significa uma lei?
— As leis, Alcebíades, são o que a massa dos cidadãos decreta.
— Eles acham que se deve fazer o bem ou o mal?
— O bem, naturalmente, meu jovem, não o mal.
— Mas se não forem as massas que se reúnam e decretem o que deve ser feito, e sim uns poucos, como acontece numa oligarquia, como chamas isso?
— Tudo o que o soberano poder da cidade decreta é chamado de "lei".
— Mas se um tirano faz decretos para os cidadãos, isso também é uma "lei"?
— Sim, tudo o que um tirano governante decretar também é chamado de "lei".
— Mas quando o mais forte obriga o mais fraco a fazer o que ele quer, não através da persuasão, mas pela força, isso não é uma negação da lei?
— Bem, sim, acho que sim.
— Então tudo o que um tirano forçar os cidadãos a fazer por decreto, sem persuadi-los, é a negação da lei?
— Sim, concordo, e retiro a minha afirmação anterior de que tudo o que o tirano decreta sem persuasão seja lei.
— Suponhamos que uns poucos decretem usando a força e não a persuasão: devemos chamar isso de coerção?
— Eu diria que todas as formas de compulsão, seja por decreto ou por outros meios, são uma negação da lei.

Agora Alcebíades domina Péricles e pode desferir o golpe mortal, um argumento antidemocrático:

— Então tudo o que as massas decretam sem persuadir, mas sim obrigando os senhores proprietários [os poucos cidadãos mais ricos], seria coerção e não "lei"?
— Deixe-me te dizer, Alcebíades, quando eu tinha a tua idade também era muito esperto neste tipo de debate.

"Ah, Péricles", disse Alcebíades, a quem é dada a última palavra, "se ao menos eu tivesse te conhecido quando estavas no teu apogeu!"[25]

A pólis era a comunidade, unida numa cidade. Apenas dela irradiava legitimamente o poder. Havia, portanto, uma distinção clara entre a religião e o Estado, o que era, naquele momento histórico, uma novidade. Mais ainda, respeitava-se o indivíduo, e tal conceito foi fundamental para permitir as grandes discussões que permeiam as tragédias.

A paz, contudo, acabou quando uma nova guerra eclodiu entre as cidades independentes gregas. Trata-se da Guerra do Peloponeso, travada entre Atenas e um grupo de cidades, como Esparta, Tebas e Corinto. Houve um primeiro conflito de 460 a 455 a.C., porém a grande guerra ocorreu entre 431 e 405 a.C., terminando com a capitulação de Atenas.

Esta foi uma guerra ampla, pois as batalhas não se limitaram à península grega, mas ocorreram desde a Sicília até Rodes, passando pelas bordas do mar Negro. Até os persas tiveram participação nas lutas, apoiando os espartanos.[26]

Como Atenas era uma democracia, trata-se da primeira guerra da história, ao menos da qual se tem notícia, cercada de críticas abertas e discussões populares. Há registro de divergências, no seio da população, até mesmo das táticas adotadas pelos generais atenienses. As obras de Aristófanes são a prova viva de tais censuras.

Havia, a rigor, uma grande distinção entre as sociedades ateniense e espartana. Como é notório, esta era governada por uma elite militar e seu Conselho (gerúsia) conduzia a pólis e zelava fundamentalmente pela ordem militar. Os garotos espartanos, aos 12 anos, eram recrutados para treinamento. Era claro, pois, o antagonismo entre Esparta, dirigida pela oligarquia, e a democrática Atenas.

A Guerra do Peloponeso é cheia de reviravoltas. Numa delas, o general ateniense Alcebíades* (450 a 404 a.C.), que convivera com Sófocles, Eurípedes e fora amigo de Sócrates, sentindo-se traído por

---

* Shakespeare, em *Timon de Atenas*, dá a sua versão de Alcebíades.

seus compatriotas, muda de lado e passa a lutar pelos espartanos. Ele teria dito: "o verdadeiro patriota não é aquele que aceita perder a sua pátria injustamente sem atacá-la, mas aquele que tanto a ama que tudo fará para reconquistá-la."[27]

Com o fim da guerra, as cidades perdedoras, notadamente Atenas, tiveram seus governos entregues aos espartanos e, em alguma escala, aos persas. A democracia ateniense fora derrotada e Esparta passou, indiretamente, a liderar em Atenas.* Algumas décadas depois, foi a vez de Esparta perder a guerra para a cidade grega de Tebas. As antes poderosas e independentes pólis gregas perderam o vigor. Finalmente, em 330 a.C., Alexandre da Macedônia invade toda a península, unificando-a sob seu jugo.

O denominado Período Clássico grego** inicia-se com as guerras persas — a batalha da Salamina ocorreu em 480 a.C.*** — e termina pouco depois da Guerra do Peloponeso, com a decadência das cidades independentes. Esse período assistiu à maturação da democracia, ao desenvolvimento extraordinário da filosofia e ao florescimento da dramaturgia. "É a mais luminosa história que o gênio humano deixa de si próprio."[28] Com relação à filosofia, possivelmente jamais se viu na história um momento tão profícuo. Sem exagero, pode-se dizer que "o legado da Grécia à filosofia ocidental é a filosofia ocidental."[29]

Em grande parte pela liberdade de expressão dos cidadãos e pelo fluxo de informações que vinham de vários pontos do mundo, notadamente do Oriente,[30] surgiram, naquele momento da história, uma série de pensadores cujas ideias acabaram por moldar nossa civilização.

---

* Como reconhece Jacob Burckhardt, é muito difícil proferir um julgamento isento entre Atenas e Esparta, na medida em que devemos tanto à primeira e nada à segunda (*Judgements on History and Historians*, p. 12).

** A história da Grécia Antiga é comumente dividida em quatro fases: a arcaica, do oitavo ao sexto séculos Antes da Era Comum (em 776 a.C. houve, acredita-se, os primeiros jogos olímpicos); a clássica, do quinto e quarto século Antes da Nossa Era; o período helenístico, que vai de Alexandre, o Grande, da Macedônia, até a conquista pelos romanos; e, por fim, a fase romana, que vai até o fim do domínio romano na península grega.

*** Segundo a lenda, Ésquilo teria participado da batalha naval, Sófocles dirigiu o coro que comemorou o feito e Eurípedes teria nascido em Salamina no exato dia do confronto.

Anaxágoras

Tales, por exemplo, nasceu em 620 a.C. na cidade de Mileto, hoje território turco, e recebeu, justamente, o título de primeiro cientista e filósofo da civilização ocidental. Previu o eclipse do sol em 585 a.C. Ele estuda e analisa as propriedades da água, oferecendo outras explicações a fenômenos naturais, sem fazer uso de qualquer intervenção divina. Com Tales, a ciência dá um enorme passo para se separar da religião.

Heráclito, por sua vez, nasceu em 600 a.C. Ele defende que a realidade é um eterno progresso mutante. Tudo flui (*panta rei*), tudo se transforma. Heráclito ficou famoso por suas máximas: "O mesmo homem não pode banhar-se no mesmo rio duas vezes", "o começo é o fim" e "caráter é destino." Como um precursor de Sócrates, Heráclito diz: "eu me examinei."

Pouco depois, Pitágoras (570 a 480 a.C.), nativo de Samos, apresenta inovações na geometria e na matemática. Seus estudos são altamente complexos e abstratos, assim como os de Zenão de Eleia, também filósofo e matemático, que formulou uma série de conhecidos paradoxos.*

Outro grande filósofo da época, Parmênides (510 a 440 a.C.), apresenta a distinção teórica entre a razão e a opinião e levanta a discussão acerca de linguagem, pensamento e realidade.

Cite-se ainda Anaxágoras (500 a 428 a.C.), que estudou principalmente questões científicas. Tutor de Péricles, foi submetido a julgamento sob a fugidia alegação de ser ímpio. Teve que fugir de

---

* O mais famoso dos paradoxos de Zenão trata da suposta corrida de Aquiles com uma tartaruga. O vagaroso animal sai na frente e, segundo o paradoxo, Aquiles jamais atingirá o réptil. Isso porque, uma vez na dianteira, a tartaruga se encontra na posição A. Quando Aquiles chegar na posição A, a tartaruga já estará na frente, na posição B. Ao atingir a posição B, Aquiles encontrará a tartaruga na posição C. Isso se repetirá infinitamente, de sorte que, paradoxalmente, embora mais veloz, Aquiles nunca ultrapassará a tartaruga.

Atenas, embora, depois de sua morte, fosse reconhecido e louvado na cidade.

Surgem, então, os sofistas, pensadores muito ativos no século V a.C. Desenvolveram a retórica, isto é, a análise das formas de suscitar e explorar um argumento. Essas técnicas eram utilizadas tanto nas assembleias quanto nos julgamentos. Os sofistas — notadamente Protágoras (490 a 420 a.C.) e Górgias (485 a 380 a.C.) — romperam o conceito dos filósofos denominados pré-socráticos, na medida em que questionavam a existência de uma ordem superior que pudesse justificar uma lei "soberana e eterna". O movimento liderado pelos sofistas revolucionou a educação. Isso porque eram educadores que cobravam pelo seu ofício, o que, para muitos naquela época, representava um absurdo.

Um dos ensinamentos e técnicas desenvolvidos pelos sofistas era a de discutir, de expor suas ideias, defender seus pontos de vista, mesmo que nem sempre se estivesse com a razão. Privilegiando uma apreciação tática, defendiam que a verdade absoluta não existe. Tudo dependerá da opinião humana, pois os nossos sentimentos, ao fim, separam o verdadeiro e o falso. Para tanto, estudava-se a arte de falar bem — a retórica —, assim como o método de refutar os argumentos dos outros e fazer prevalecer o seu — a erística. Essas técnicas destinadas a vencer os debates, promovidos pelos sofistas, terminaram por lhes trazer um estigma, tanto que adotamos, até hoje, o termo *sofisma* para designar artimanhas argumentativas.

Protágoras, conhecido sofista, pontificou: "o homem é a medida de todas as coisas", além de registrar: "em cada questão há argumentos para ambos os lados." A seu respeito, conta-se a seguinte passagem: certo de que suas estratégias de convencimento eram infalíveis, combinou com um aluno pobre que apenas receberia seus honorários quando o aprendiz vencesse o primeiro caso no tribunal. Embora treinado, o jovem aluno não trabalhava, logo, não apresentava nenhum caso ao tribunal. Diante disso, Protágoras teria processado o antigo aluno, argumentando que o seu aprendiz deveria pagar de qualquer forma: seja perdendo a ação, porque, ao deixar de trabalhar, jamais poderia ganhar uma causa; seja vencendo a ação, pois aquele seria o primeiro caso vencido, logo, daria ensejo ao cumprimento da obrigação de remunerar o mestre. O aluno, demonstrando que havia aprendido as lições do sofista, defendeu que, de qualquer forma, o pagamento estava perdido: tanto pela decisão do tribunal, se ele ganhasse a ação, quanto pelo contrato, se perdesse a demanda, pois o acordo com Protágoras garantia que os honorários apenas seriam pagos quando o aluno ganhasse uma causa.[31]

Na mesma época, em Atenas, viveu Sócrates (470 a 399 a.C.), que estabelece outras bases para a filosofia, centrando seus pensamentos na natureza humana. Os filósofos que o antecederam priorizavam discussões abstratas e metafísicas. Sócrates era mais prático. Segundo ele, o maior perigo para a sociedade e para o indivíduo é a perda do espírito crítico. Foi um grande professor, mas nada escreveu. Suas lições são colhidas de seus pupilos, Platão (427 a 347 a.C.) e Xenofonte (430 a 355 a.C.). Para Sócrates, o conhecimento levava à sabedoria e à justiça, enquanto, de outro lado, a ignorância conduzia à injustiça. Portanto, o conhecimento era fundamental.

Platão, discípulo de Sócrates, não se limitou a tratar de filosofia. Fundou, em Atenas, a Academia, primeira instituição de estudo superior de que se tem notícia.

A Grécia avançou também no planejamento urbano. Hipodamos (498 a 408 a.C.), um precursor desse ramo, projetou cidades e o centro cívico de Atenas, organizado de forma funcional. Isso era relevante, haja vista que, em 431 a.C., a população de Atenas e de seus arrabaldes contava com aproximadamente 275 mil pessoas, incluindo mulheres, crianças e escravos.[32] Era a maior cidade do mundo grego, já que nenhuma outra naquela época contava com mais de 150 mil habitantes. Desses 275 mil habitantes, apenas 45 mil eram cidadãos com pleno direito ao exercício político.[33] Os escravos representavam de 30% a 40% da população.[34]

Na arquitetura, os gregos levam adiante o conceito de "serena grandeza e nobre simplicidade", como cunhado pelo historiador da arte Johann Winckelmann.* Os templos expressam simetria e pro-

---

* A tese de Winckelmann (1717–1768) era a de que a arte grega, a mais apurada de todos os tempos, desenvolveu-se exatamente por conta da liberdade que os gregos desfrutavam.

Teatro de Dionísio

porcionalidade. O Partenon, principal templo de Atenas, construído sob a Acrópole, tem seus trabalhos iniciados em 447 a.C., erigido sobre outro templo, antes existente no mesmo local, possivelmente arrasado pelos persas, quando invadiram Atenas em 480 a.C.

    Uma parte desse templo foi destruída, séculos depois, em 28 de setembro de 1687, por um disparo da artilharia veneziana, que cercava a cidade. Naquela época, os turcos, que dominavam Atenas, usavam o Partenon como paiol de pólvora. Felizmente, a maior parte do templo ainda se mantém de pé, assim como foram salvas parcelas substanciais de seus 160 metros de frisas. Tais frisas e esculturas arquitetônicas, que adornavam toda a extensão do prédio, tratavam de passagens mitológicas, notadamente relacionadas à manutenção da ordem social. Uma parte considerável das frisas — algo em tor-

Frisa do Partenon

no de 30% delas — se encontra hoje no Museu Britânico, em Londres. Em 1799, o embaixador inglês em Constantinopla, lorde Thomas Bruce, conde de Elgin, a caminho de seu posto, passou por Atenas e encontrou o Partenon destruído e malcuidado. De fato, durante séculos, o templo ficou abandonado e houve muita pilhagem. Entre 1802 e 1806, lorde Elgin negociou com os turcos-otomanos, que controlavam a Grécia, e levou para a Inglaterra uma quantidade enorme de peças, notadamente as frisas. O custo desse transporte ultrapassou as expectativas do conde, que, ao fim, acabou vendendo o extraordinário acervo ao Museu Britânico, onde as peças chegaram em 1816. Lorde Elgin admirava a obra de Winckelmann e decorara sua casa em Fife, na Escócia, com estátuas gregas.[35]

Até hoje existe uma viva discussão jurídica acerca da propriedade dessas obras de arte. O governo da Grécia reclama a devolução das frisas do Partenon, alegando tratar-se de uma obra única, cuja integridade foi quebrada.*,**

---

* Eis uma importante distinção, segundo os gregos, entre o Partenon e outras obras-primas, também com origem na Grécia clássica, espalhadas pelo mundo. A *Vênus de Milo*, por exemplo, que se encontra no Museu do Louvre, em Paris, é uma peça isolada e, por isso, não se reclama a sua restituição (ver R. e F. Etienne, *The Search for Ancient Greece*, p. 143)

** Os principais argumentos do governo britânico para a manutenção da obra em Londres são os seguintes: a devolução das peças resultará em precedente para que outros países ou museus reclamem a restituição de outras obras antigas; as obras foram compradas legitimamente pelo lorde Elgin por enorme valor; as esculturas do Partenon pertencem ao mundo, e não somente à Grécia; no Museu Britânico, numa das cidades mais visitadas do mundo, milhões de pessoas por ano têm acesso gratuito às obras, conferindo maior benefício ao público em geral; é comum a fragmentação de grandes obras; não há como recompor o Partenon inteiro, tendo em vista que cerca de 40% das peças já foram destruídas; mesmo que fossem devolvidas, seria impossível a reinstalação das obras no monumento; o caso supostamente não poderia ser levado ao tribunal, pois o direito de a Grécia reclamar a devolução das obras encontra-se prescrito; e, por fim, o transporte de volta à Grécia poderia acarretar ainda maior dano às obras. De outro lado, os argumentos em favor dos gregos são, em suma, os seguintes: as frisas formam uma única obra de arte, de modo que não faz sentido que suas partes permaneçam fragmentadas ao redor do mundo; a reunião de todas as suas esculturas permitirá que visitantes apreciem as obras como um todo, trazendo maior coesão e sentido histórico à compreensão e interpretação do monumento — com a devolução das peças que se encontram no Museu Britânico (30% das frisas), agregadas às obras em Atenas (outros 30%), a quase totalidade das obras remanescentes do Partenon estará reunida num só lugar —; como as peças fazem parte de um monumento nacional, de "valor universal", o caso é único, portanto não servirá como precedente para demais obras; Suécia, Alemanha, o Getty Museum em Los Angeles e o Vaticano já devolveram partes do monumento; a retirada das obras pelo lorde Elgin, que posteriormente as vendeu para o governo britânico, é considerada ilegal, um "ato de vandalismo"; o governo grego jamais reconheceu a propriedade legal do Museu Britânico sobre as obras; quando as peças foram retiradas da Grécia, o país ainda não era independente e, tão logo os gregos conquistaram sua independência do Império Otomano, em 1832, passaram a reclamar a devolução das peças; o título que embasou a pretensão do lorde Elgin às obras é supostamente falso e, mesmo que fosse possível reconhecer a validade do documento, há quem sustente que lorde Elgin excedeu os limites da autorização conferida pelos turcos, na medida em que o título supostamente daria direito apenas à retirada dos objetos encontrados no solo, e não de partes do monumento em si; o Museu da Acrópole, situado na base da Acrópole e equipado com a mais alta tecnologia de conservação de obras de arte, foi construído para sediar as obras da mesma forma que ficariam no Partenon, conferindo maior sentido cultural e utilidade ao público; enquanto o Museu Britânico pode exibir réplicas das esculturas e partes do monu-

Um dos mais famosos grupos de esculturas arquitetônicas dessas frisas apresenta a batalha travada entre os homens e os centauros, com a vitória dos primeiros. Os centauros, seres metade homem e metade cavalo, serviam de metáfora para o lado animal (irracional e descontrolado) do ser humano. As esculturas simboli-

---

mento em seu acervo, não há como replicar em Atenas o contexto no qual devem ser inseridas e expostas; e a opinião pública, inclusive a inglesa, é predominantemente a favor da devolução das obras à Grécia.

Até mesmo os poetas ingleses já duelaram sobre o tema. John Keats escreveu:

ON SEEING THE ELGIN MARBLES
"My spirit is too weak—mortality
Weighs heavily on me like unwilling sleep,
And each imagined pinnacle and steep
Of godlike hardship tells me I must die
Like a sick eagle looking at the sky.
Yet 'tis a gentle luxury to weep
That I have not the cloudy winds to keep
Fresh for the opening of the morning's eye.
Such dim-conceived glories of the brain
Bring round the heart an undescribable feud;
So do these wonders a most dizzy pain,
That mingles Grecian grandeur with the rude
Wasting of old time—with a billowy main—
A sun—a shadow of a magnitude."

Tradução livre:
AO VER OS MÁRMORES DE ELGIN
"Meu espírito é demasiado fraco — a mortalidade
Pesa em mim como o sono indesejado
E cada imaginado e íngreme pináculo
De dificuldades divinas me diz que devo morrer
Como uma águia doente olhando para o céu.
Mas é um luxo ameno lamentar
Que eu não tenha os ventos nublados para manter
O frescor para a abertura do olho da manhã.
Tais mal concebidas glórias da mente
Trazem ao coração uma rixa indescritível;
Também estas maravilhas uma dor tonta,
Que combina a grandiosidade grega com o grosseiro
Desperdício do velho tempo — com uma força ondulante —
Um sol — a sombra de uma magnitude."

zavam o domínio da razão sobre a emoção, pois o homem dominou seu lado animal.*

Na escultura, os gregos foram responsáveis por um enorme salto em relação aos egípcios. As mais antigas registravam cenas estáticas, como os *kouroi*, que adornavam os santuários. Os escultores gregos do século V a.C. deram movimento às suas obras, libertando o mármore, numa verdadeira revolução. O discóbolo, o lançador de discos, por exemplo, expressa um atleta em ação, exibindo seus músculos e vigor físico, foi copiado *ad nauseam* pelos romanos, a ponto de, hoje, tornar-se um ícone *kitsch*. Em 438 a.C., o escultor Fídias termina sua gigantesca estátua de Atenas, inserida dentro do Partenon, na Acrópole de Atenas. Essa obra foi considerada uma das sete maravilhas do mundo antigo. Naquela mesma época, o escultor Policleto estabelece um padrão ideal do corpo humano, valendo-se de proporções matemáticas.

Lord Byron por sua vez replicou:
CHILDE HAROLD'S PILGRIMAGE
"(...) Cold is the heart, fair Greece! that looks on Thee,
Nor feels as Lovers o'er the dust they loved;
Dull is the eye that will not weep to see
Thy walls defaced, thy mouldering shrines removed
By British hands, which it had best behoved
To guard those relics ne'er to be restored:—
Curst be the hour when from their isle they roved,
And once again thy hapless bosom gored,
And snatched thy shrinking Gods to Northern climes abhorred! (...)"

Tradução Livre:
PEREGRINAÇÃO DE CHILDE HAROLD
"(...) Frio é o coração, bela Grécia! que olha para Ti,
E não sente como amantes sob a poeira que amavam;
Sem brilho é o olho que não chora ao ver
Teus muros desfigurados, teus santuários em ruínas removidos
Por mãos britânicas, que melhor lhes convinha
Guardar tais relíquias para nunca mais serem devolvidas: —
Amaldiçoada a hora em que de sua ilha percorreram,
E mais uma vez teu seio perfuraram,
E arrancaram teus Deuses minguados para abomináveis climas do norte! (...)"

---

* Sobre as esculturas que compõem o friso do Partenon, ver M.D. Fullerton, *Arte grega*, p. 93ss.

Hipócrates (460 a 370 a.C.), original da ilha grega de Cós, separou o tratamento de saúde — a medicina — dos remédios populares místicos. Estabeleceu uma forma de estudo da anatomia humana e de experimentos científicos, quebrando paradigmas e tornando-se conhecido como o pai da medicina ocidental.

Píndaro, grande poeta, que viveu entre 552 e 443 a.C., criou o padrão métrico dos poemas. Dos seus 17 livros, apenas quatro sobreviveram. Píndaro era o mestre dos opinícios, isto é, dos hinos dedicados aos vencedores de competições esportivas. Simônides (556 a 468 a.C.), por sua vez, inicia a poesia "engajada", "voltada para a cidade", tratando de temas de interesse da pólis.[36]

O sistema pedagógico grego, estabelecido nessa mesma época, foi reproduzido por séculos, tendo influenciado profundamente toda a educação romana.

Os gregos foram impelidos ao comércio pela própria natureza. O solo do território em que viviam não era especialmente fértil e estavam cercados pelo mar. Conseguiam produzir azeite, mas tinham que adquirir grãos.

Comercialmente, a Grécia tinha uma posição de proeminência no mundo clássico. Foi um dos primeiros povos a fazer uso da moeda. Este padrão fora uma invenção do século VII a.C., surgida, ao que tudo indica, na Lídia, na atual Turquia, logo copiada pelos gregos. A moeda de Atenas, o dracma de prata, foi, durante o século V a.C., a mais procurada de todo o Mediterrâneo. De um lado, apresentava a cabeça de Atenas e, do outro, uma coruja, animal símbolo da deusa e da região, por isso também era chamada de *glaukopis*, isto é, olho de coruja. Com a moeda forte, o comércio se desenvolveu, surgindo uma nova classe de comerciantes ricos, não necessariamente relacionados aos donos de terras, descentralizando o poder.

Economia é uma palavra de origem grega. *Oikos* significa o lar e as coisas nele contidas. A administração desses bens consistia na *oikonomia*. *Oikonomikos* é o título de uma obra de Xenofonte, um famoso pupilo de Sócrates. Pode ser traduzido como "o administrador da casa".

Na Atenas do século V a.C., o sistema monetário seguia o seguinte sistema: óbolo, dracma (seis óbolos), mina (cem dracmas) e talento (sessenta minas).

Além do desenvolvimento do comércio, outro grande passo no sentido de descentralizar o poder foi a adoção da escrita. Até então, as regras jurídicas, que ditavam as condutas, eram, basicamente, de origem costumeira. A possibilidade de registrar os costumes por escrito gerava uma maior estabilidade e a certeza acerca da extensão e aplicação dessas regras.

A escrita chegou à Grécia por meio dos fenícios e do seu comércio, e era formada apenas por consoantes, com diferentes pronúncias. Os gregos tiveram a brilhante iniciativa de acrescentar as vogais e organizaram uma lista de símbolos.* Nasce o alfabeto, assim denominado por conta das suas primeiras letras: *alfa* e *beta*.** Com a adoção das vogais, o texto escrito conseguia ser mais objetivo, deixando de depender de interpretações. Afinal, dessa forma, a escrita se aproximava do som emitido pela voz humana.

Na Grécia, também, passou-se a escrever os textos da esquerda para direita, ao contrário da tradição semita, que seguia ao contrário (ou, por vezes, com a forma do arado de boi, em zigue-zague).

Evidentemente, tratava-se de um momento de febricitante agitação intelectual. Uma plêiade de homens exibia livremente seus pensamentos originais, que representaram grandes passos para a civilização. Sabe-se, por exemplo, que Sófocles era amigo de Heródoto. Tucídides, ateniense nascido entre 460 e 455 a.C., contemporâneo de Sófocles e Eurípedes, escreveu um detalhado relato na sua *História da Guerra do Peloponeso*.[37] Todos esses homens conversavam, discutiam, e a civilização deu um salto precisamente porque eles puderam expor suas ideias.

A história, a astronomia, a física, a biologia, a filosofia, a geografia, entre outras ciências foram "inventadas" na Grécia Antiga. Em termos de arte, a arquitetura até hoje tem os gregos como padrão, e a escultura grega segue como modelo de beleza. No teatro, somos gregos também. Eles inventaram a democracia, e, com ela, os guardiões

---

* A escrita conhecida como Linear A, usada pela civilização minoica, é de 1750 a.C. Foi sucedida pela Linear B, dos micênicos, datada de 1400 a.C. Em 750 a.C., com Homero e Hesíodo, aparecem as primeiras evidências do alfabeto grego.

** Os gregos transformaram as primitivas letras fenícias, como o *alep* e *beyit*, em *alfa* e *beta*.

mais valiosos do Estado de Direito, como o tribunal do júri, a análise de culpa, a dignidade da pessoa humana.* Assim, não há dúvida: "a civilização do Ocidente nasceu na Grécia."[38]

NOTAS

[1] W.J. Bernstein, *A Splendid Exchange: How Trade Shaped the World*, p. 46.
[2] J.E. Galán, *Historia del Mundo contada para Escépticos*, p. 95.
[3] B. Heliodora, *Caminhos do teatro ocidental*, p. 22.
[4] K.W. Grandsden, "Homero e a epopeia", in *O legado da Grécia*, p. 79. No mesmo sentido, C. Zschirnt, "A literatura europeia começa com Homero", in *Livros*, p. 35.
[5] O.M. Carpeaux, *Ensaios reunidos*, vol. I, p. 271.
[6] F. Galgano, *Il Diritto e le altre Arti*, p. 25.
[7] G.W.F. Hegel, *Filosofia da história*, 2.ª ed., p. 189.
[8] E. Barker e J. Christensen, *Homer*, p. 125.
[9] A. Manguel, *Ilíada e Odisseia de Homero*, 2007.
[10] H. Bloom, *Gênio*, p. 522.
[11] T. Cahill, *Navegando o mar de vinho*, p. 82.
[12] S. Newman, *História da literatura ocidental sem as partes chatas*, p. 22.
[13] W. Jaeger, *Paideia*, p. 85.
[14] Hesíodo, *Os trabalhos e os dias*, p. 49.
[15] J.S. Brandão, *Mitologia grega*, vol. I, p. 163.
[16] Plutarco, *A vida de Nícias*, p. 2.
[17] A encenação é narrada por Aristóteles, *Constituição de Atenas*, p. 57.
[18] F.M.S. Eyler, *História antiga — Grécia e Roma: a formação do ocidente*, p. 90.
[19] F. de Coulanges, *A cidade antiga*, p. 367.
[20] W. Weir, *50 batalhas que mudaram o mundo*, p. 10ss.
[21] G.W.F. Hegel, op.cit., p. 216.
[22] Edson Aguiar de Vasconcelos esclarece: "Havia a pólis, só depois se considerava o cidadão." (*Direito fundamental de cidadania ou direito a ter direitos*, p. 42).
[23] Montesquieu, *Do espírito das leis*, p. 28.
[24] Carlos Figueiredo, *100 discursos históricos*, p. 21.
[25] P. Cartledge, *Grécia Antiga*, p. 246.
[26] P.P. Funari, "Guerra do Peloponeso", in *História das guerras* (org. Demétrio Magnoli), p. 20.
[27] Tucídides, *História da Guerra do Peloponeso*, cap. 6, 92, 4, p. 332.
[28] J. Michelet, *A bíblia da humanidade*, p. 118.
[29] B. Williams, "Filosofia", in *O legado da Grécia*, p. 229.
[30] Sobre os motivos do desenvolvimento da filosofia naquele momento, ver G. Reale, *Pré-socráticos e orfismo*, p. 26.
[31] B. Russell, *História do pensamento ocidental*, 5.ª ed., p. 64.

---

* Como reconhece Fábio Konder Comparato, "em Atenas, surgem concomitantemente a tragédia e a democracia, e essa sincronia, como se observou, não foi meramente casual" (F.K. Comparato, *A afirmação histórica dos direitos humanos*, p. 21).

32 | M.I. Finley, *O legado da Grécia*, p. 20.
33 | J. Kotkin, *The City: A Global History*, p. 21.
34 | C. Freeman, *The Greek Achievement*, p. 343.
35 | N.I. Painter, *The History of White People*, p. 62.
36 | M. Detienne, *Mestres da verdade na Grécia arcaica*, p. 127.
37 | Tucídides, *História da Guerra do Peloponeso*.
38 | K.C. Davis, *Tudo o que precisamos saber, mas nunca aprendemos, sobre mitologia*, p. 251.

2 | A PÓLIS E O DIREITO NA GRÉCIA CLÁSSICA

Na Grécia antiga, as regras eram registradas nos muros da cidade. A partir do momento em que havia leis escritas, o poder de qualquer governante ou da classe dominante via-se limitado, pois todos deveriam respeitar as regras comuns e públicas. Nas palavras de Teseu, personagem de Eurípedes em *As suplicantes* (420 a.C.): "Quando as leis são escritas, o pobre e o rico têm justiça igual."

Embora não tenha havido a construção de um sistema jurídico elaborado,[1] os gregos deixaram o arcabouço pronto e sedimentaram grandes valores, pois foram os magistrais pensadores políticos e filosóficos da nossa civilização. Diante disso, a história do Direito deu um passo importante na Grécia.[*]

"A história do direito ocidental, de inspiração romana, que é a que nos interessa mais de perto e cujas linhas fundamentais de evolução a seguir apresentamos, tem seu ponto de partida na Grécia." Eis como o jurista Hermes Lima inicia sua explicação acerca da "evolução histórica do direito positivo".[2]

---

[*] Segundo Ronaldo Leite Pedrosa, "Impossível estudar história do direito sem uma atenção especial à Grécia." (*Direito em História*, p. 99).

Nas palavras do também jurista José Cretella Júnior, "na Grécia Antiga, pela primeira vez, o Direito é objeto de profundas e específicas indagações filosóficas, deixando de ser privativo dos sacerdotes, dos monarcas, dos moralistas, para ser cultivado por filósofos e juristas."[3]

Cabral de Moncada explica que, "nos antigos tempos, desde os primeiros alvores que se conhecem da filosofia naturalista dos jônios, no século VI a.C., e depois da fase mitológica do pensamento grego, a natureza das leis do Estado foi durante muito tempo julgada idêntica à das restantes leis do Cosmo (...) Começou por aí o pensamento grego e foi ele indiscutivelmente quem inventou, por isso, a própria expressão 'direito natural'".[4]

Zaleuco de Locros* (650 a.C.) é o primeiro legislador de que se tem notícia. A ele se atribui o primeiro código com leis escritas, que promoveu a compilação dos costumes então vigentes.

As Leis de Drácon, em Atenas, datadas de 621 a.C., impuseram o recurso a um tribunal para solucionar os conflitos e extinguiram a solidariedade entre pessoas da mesma família. Drácon aboliu a vingança privada. A partir de então, os fatos criminosos passaram a ser examinados pelo tribunal, cabendo a este declarar se houve o ilícito e, em caso positivo, indicar as penas. Na legislação de Drácon, distinguiam-se tipos de homicídio, levando-se em conta conceitos como a culpa e a legítima defesa. Apenas os homicídios voluntários eram julgados no Areópago (Áreios Págos, rochedo de Ares).[5]

Adiante, os governantes Sólon (638 a 558 a.C.), Clístenes (565 a 492 a.C.) e Péricles (495 a 429 a.C.) foram responsáveis pelo desenvolvimento do conceito de democracia, palavra formada por *demos* (o povo, o vilarejo**) e *kratos* (poder).*** Todos os cidadãos livres de nas-

---

* A cidade de Locros situa-se no sul da Itália, mas estava inteiramente inserida na cultura grega.
** Clístenes dividiu a população de Atenas em grupos, designados *demos* (ou *demes*). Havia 139 *demos* (ou aldeias) que compunham Atenas, e pertencer a um deles era um requisito da cidadania. O cidadão era conhecido por três nomes: o seu próprio, o de seu pai e o de sua *demos*. Democracia era, então, o poder das *demos*, desse conjunto dos cidadãos.
*** Democracia contrasta com a aristocracia (*aristoi* significa "os melhores") e oligarquia é o governo de poucos. Anarkhia, por sua vez, é a ausência de comando.

cença, do sexo masculino, acima de trinta anos, poderiam integrar a assembleia (*ekklesia*) que elegia os governantes e servidores públicos.

As Leis de Sólon, datadas de 594 e 593 a.C. suavizaram os rigores das normas de Drácon. Instauraram a igualdade civil entre homens,[6] embora seus poderes civis fossem divididos em função de sua renda.* Institucionalizou-se o testamento e a adoção, limitou-se o poder paternal, criou-se um limite para a cobrança de juros e extinguiu-se a servidão por dívida.[7]

Como explica o historiador de Direito Enrique Ahrens, "ningún caso se pudiera prender a la persona desde entonces por sus deudas sino perseguir la fortuna tan sólo".[8]

Outra interessante (e inovadora) norma criada por Sólon obrigava os pais a ensinar seus filhos a ler e a escrever, além de aprender um ofício. Caso os pais falhassem nesse dever, seus filhos não estariam obrigados a mantê-los na velhice. Ficou determinado, ainda, que, em caso de falecimento dos pais, caberia ao Estado zelar pela educação dos órfãos.

Sólon instituiu o conceito segundo o qual o "dano causado por um indivíduo particular é na realidade um atentado contra todos".[9] O assassinato, assim, deixa de estar vinculado a uma questão privada. Não se trata apenas de uma vingança, mas há um interesse público na punição.

Nessa época, a ociosidade era considerada ilegal, e o homem, para participar da assembleia, deveria ter uma ocupação. Estabeleceu-se, também, que a cidadania seria perdida por quem ficasse neutro diante de uma rebelião contra a cidade. Entendia-se que "a indiferença do povo é a ruína do Estado".[10]

A lei é geral e não decorre de uma inspiração divina, mas é fruto do interesse coletivo.

O conceito de democracia dos gregos difere do atual. A democracia existia apenas entre os cidadãos — os eupátridas —, excluídas as mulheres, os estrangeiros e os escravos. A cidadania era dada aos

---

* A classe mais abastada, os *pentakosio medimnoi*, deveria possuir, pelo menos, quinhentos alqueires. Eram os maiores contribuintes de impostos, e estavam elegíveis para os cargos públicos de maior relevância (ver T. Cahill, *Navegando o mar de vinho*, p. 138).

homens atenienses quando completavam 18 anos. Entretanto, eles deveriam, durante dois anos, prestar serviços militares (*ephebia*), de forma que somente aos vinte passariam a votar. Apenas aos trinta anos, os homens poderiam ser votados e ocupar os cargos públicos.

As mulheres, por sua vez, não gozavam de poderes políticos. Tampouco os estrangeiros e os escravos (e a maior parte da população era constituída por estes últimos). Os escravos eram considerados propriedade de seus donos e não desfrutavam de qualquer direito, embora se reconheça que, em comparação com o tratamento dispensado em outros locais e em outras épocas da história, os escravos em Atenas recebiam um tratamento bastante razoável.[11]

Os estrangeiros, por sua vez, eram divididos entre aqueles que viviam na cidade, os *metecos*, e os que habitavam fora da pólis, os *periecos* (chamados de *hilotas* em Esparta). Os seus direitos eram muito limitados.*

Cada cidadão reunido na assembleia (*ekklesia*) tinha direito apenas ao seu próprio voto. A *ekklesia* poderia reunir entre cinco e 13 mil cidadãos e decidia assuntos relevantes, como a cobrança de impostos e a declaração de guerra. A cidade era administrada por um Conselho (*Bulé*), composto por quinhentos cidadãos, escolhidos anualmente por sorteio. Os membros da *Bulé* vinham proporcionalmente de cada uma das tribos (*demos*) da Ática. Esses deveriam ter mais de trinta anos. Os cargos públicos eram preenchidos também por sorteio e havia revezamento anual. O *politikós* era o funcionário público, com mandato limitado, obrigado a prestar contas à assembleia popular.

Durante muito tempo, a *ekklesia* e a *Bulé* estavam hierarquicamente abaixo do Areópago, uma instituição bem antiga, dominada pela aristocracia de Atenas. Com o tempo e o desenvolvimento da democracia, a ascendência do Areópago foi diminuindo até que, em 462 a.C., perdeu seu poder. Sua jurisdição ficou limitada a apreciar os crimes de homicídio. Todos os demais julgamentos e questões do Estado foram entregues à *ekklesia*, à *Bulé* e aos tribunais populares.

---

* Os gregos chamavam aqueles que não falavam grego de *bárbaroi*, daí o conceito de bárbaros. Isso se dava porque consideravam a língua deles um *bar-bar*, isto é, algo incompreensível.

Péricles (495 a 429 a.C.), sobrinho de Clístenes, foi um grande administrador, a ponto de o século V a.C.,* ápice da civilização grega, ser conhecido, como se disse, como o "século de Péricles". Em seu famoso discurso, antes referido, feito em homenagens aos concidadãos atenienses mortos em combate, o estadista resume bem o papel do homem na pólis:

> (...) olhamos para o homem alheio às atividades públicas não como alguém que cuida apenas de seus próprios interesses, mas como um inútil; nós, cidadãos atenienses, decidimos as questões públicas por nós mesmos, ou pelo menos nos esforçamos por compreendê-las claramente, na crença que não é o debate o empecilho à ação, e sim o fato de não estar esclarecido pelo debate antes de chegar a hora da ação.[12]

Para se integrar à sociedade, o homem tinha que participar ativamente da pólis. "Um homem desinteressado pela política era censurado e chamado de 'idiota', que, em grego, significa 'dedicado a interesses particulares'."[13] De fato, *idiotes* é aquele que coloca seus interesses próprios acima daqueles da comunidade. A palavra "idiota" possui essa interessante etimologia. Anualmente, seis mil cidadãos eram escolhidos, mediante sorteio, para compor o tribunal, que atuava entre 150 e duzentos dias por ano. Para cada caso, eram sorteadas entre 201 e 501 pessoas para participar do julgamento. Com esse grande número, afastava-se o suborno. O número dos jurados era sempre ímpar, para evitar empates. Caso houvesse empate, o réu seria absolvido.[14] Ao serem escolhidos, tinham que fazer o seguinte juramento:

> *Votarei de acordo com as leis e os decretos, tanto com os da assembleia como com os da Bulé [o Conselho dos Quinhentos]. Nos casos que o legislador não previu, adotarei a solução mais justa, sem me deixar guiar pelo favor ou pela amizade. Votarei considerando unicamente as questões que me forem submetidas no tribunal. Es-*

---

* O século V a.C foi um momento fascinante da história: viveram nessa época Confúcio (551 a 479 a.C.), Lao-Tsé, Buda, Zoroastro e o autor hebreu do *Eclesiastes*.

cutarei com a mesma atenção as duas partes. Juro por Zeus, por Apolo, por Deméter. Se for fiel ao meu juramento, que a minha vida seja feliz, se cometer um perjúrio, que a maldição caia sobre mim e sobre minha família.

Os jurados deveriam vergar-se à equidade, pois tinham que jurar: "votar segundo as leis, onde leis houver, e, onde não as houver, votar com tanta justiça quanto tivermos em nós." Um item essencial da corte de justiça era o relógio de água (clepsidra), que delimitava o tempo em que as partes poderiam falar. A ânfora, que marcava o tempo, poderia ser maior ou menor, dependendo da complexidade do caso debatido.

Daí a importância da palavra, do discurso, da exposição das ideias. Hannah Arendt explica que "ser político, viver em uma pólis, significava que tudo era decidido mediante palavras e persuasão e não força e violência. Para os gregos, forçar pessoas mediante violência, ordenar ao invés de persuadir, eram modos pré-políticos de lidar com as pessoas, típicos da vida fora da pólis".[15]

"A rigor, a pólis — explica Arendt — não é a cidade-Estado em sua localização física; é a organização das pessoas tal como ela resulta do agir e falar em conjunto, e o seu verdadeiro espaço situa-se entre as pessoas que vivem juntas com tal propósito, não importa onde estejam."[16]

Ao final do julgamento, promovia-se uma votação secreta para o veredicto. Os processos eram julgados num só dia, independentemente da sua complexidade. Não havia advogado (palavra que vem de *ad vocare*, "falar por alguém"), e as pessoas deveriam defender-se por elas próprias. Se uma pessoa auxiliasse a outra em temas jurídicos, não poderia receber remuneração.

Há uma interessante fábula referente ao direito de todo homem se manifestar na assembleia. Segundo a lenda, o homem, inicialmente, vivia isolado, mas, nessa condição, não conseguia proteger-se de outros animais mais fortes. Em função disso, decidiu agregar-se em comunidades. Contudo, uma vez vivendo em coletividade, os homens passaram a fazer mal uns aos outros, porque não conheciam a "arte da política". Logo, os homens voltaram a viver sozinhos e a perecer.

Zeus preocupou-se com a ruína total da nossa espécie. Para evitar a extinção dos homens, Zeus nos concedeu duas dádivas, a fim de que fosse possível praticar a "arte da política" e viver em comunidade. Essas duas dádivas foram a *aidós*, preocupação com a opinião alheia, e a *diké*, respeito pelo direito dos outros. Aqui, claro, avulta o senso de justiça. Munidos da *aidós* e da *diké*, o homem estava habilitado a viver harmoniosamente com seus semelhantes.

Antes de conceder as dádivas, o deus Hermes teria perguntado a Zeus se elas deveriam ser distribuídas a todos os homens indiscriminadamente, visto que outras qualidades eram entregues individualmente. Para os gregos, as virtudes e aptidões eram, em regra, aquinhoadas a cada um e não de forma geral. O médico sabia curar, o sapateiro sabia fazer sapatos e o agricultor, plantar e colher. Cada um tinha os seus talentos e aptidões. Com relação, contudo, a *aidós* e *diké*, Zeus determinou que fossem dados a todos, pois a cidade necessitava que todos apresentassem a arte cívica. Zeus vai além e diz, na lenda, que aquele que não temer pelo respeito dos outros (*aidós*) e recusar-se a compreender o direito dos demais (*diké*) deverá perecer, tal como aquele homem primitivo e selvagem, que não conseguiu viver coletivamente.

Esse mito exprime com felicidade a importância que os atenienses davam à participação do cidadão na pólis e, logo, à democracia.

Além da liberdade, privilegiava-se a igualdade entre os cidadãos. Tamanha a importância dada a esse conceito que não se admitia a representação política. A democracia era participativa. Aliás, tampouco se admitia representação de outra natureza: como antes se mencionou, nos temas judiciais, as partes deveriam falar diretamente e não por terceiros e, caso uma pessoa auxiliasse a outra em temas jurídicos, sequer poderia receber remuneração.

Além da possibilidade de submeter os casos ao Estado, admitia-se o uso da arbitragem como um meio alternativo de solução de litígio. Havia a arbitragem privada, na qual as partes elegiam uma pessoa de confiança mútua para auxiliá-las na solução do problema. A rigor, esse árbitro não tinha o poder de apresentar uma solução final, o que faz dele, na acepção atual do conceito, um mediador. Podia-se, também, optar pela arbitragem pública. Nesta, os juízes da cidade (*dikastas*) indicavam, por sorteio, uma pessoa, um cidadão com mais de sessenta anos, para dirimir o caso. A decisão do árbitro não admitia recurso aos tribunais. Assim, diminuía-se o trabalho dos juízes.

Podia-se discutir um assunto de natureza privada ou uma reclamação contra um servidor público. Caso se decidisse por levar o tema ao Estado para julgamento, o processo era relativamente simples e tudo se dava de forma oral. Basicamente, as partes apresentavam sua causa, inclusive oferecendo testemunhas, a um grupo enorme de juízes, que revelava seu veredicto. Entre o corpo de juízes, formado por centenas de cidadãos, sorteava-se um deles para presidir a sessão.

O tribunal popular, denominado *Heliaia*, tinha competência para julgar qualquer tema, menos os crimes de sangue, cuja competência era exclusiva do Areópago, tribunal mais antigo de Atenas, criado, segundo a lenda, pela própria deusa Atenas, com a finalidade de julgar Orestes, tema reproduzido pelos dramaturgos. A *Heliaia* era composta de seis mil cidadãos, seiscentos de cada uma das dez tribos, todos homens, atenienses, com mais de trinta anos, sorteados anualmente, denominados *dikastas*. Vedava-se a recondução ao cargo de magistrado. Ou seja, o cidadão poderia ser magistrado apenas durante um ano de sua vida.

Naquele momento histórico, a pólis era o centro político e religioso e obedecia a um grupo de leis, escritas, sobre os mais variados assuntos: desde sucessão até o aluguel de imóveis para uso comercial.

Um bom exemplo de norma ateniense é a lei da *hybris*. Não há uma definição clara do que seja um ato de *hybris*, embora se saiba que refere-se ao orgulho desmedido. Se uma pessoa, por essa soberba, causasse mal a outra, normalmente gerando a desonra ou a vergonha, a vítima poderia reclamar ao tribunal popular, a *Heliaia*. Para evitar que houvesse a denunciação caluniosa, e a ação fosse usada de modo abusivo, caso o autor da ação recebesse menos do que um quinto dos votos do tribunal, teria que pagar uma multa ao Estado. Essa penalidade, pela indevida acusação pública, era padrão.

Eis a regra:

> *Se alguém cometer hybris contra alguma pessoa, seja uma criança ou uma mulher ou um homem, livre ou escravo, ou cometer qualquer ato ilícito contra qualquer dessas pessoas, qualquer ateniense elegível que deseje pode acusá-lo aos thesmothétai, e os thesmothétai devem apresentar o caso dentro de trinta dias a partir do momento em que a acusação for submetida ao tribunal (Heliaia), se nenhum assunto público o impedir, mas se houver qualquer outro assunto público, devem fazê-lo o mais cedo possível. Qualquer que seja a pessoa considerada culpada, o tribunal (Heliaia) deve decidir imediatamente a pena que ela merece sofrer ou pagar. Se aqueles que apresentarem uma acusação, de acordo com a lei, não agirem para obter ou não conseguirem obter 1/5 dos votos, deverão pagar mil dracmas ao tesouro público. Aquele que, tendo cometido hybris contra uma pessoa livre, for multado, deve ficar preso até que a multa seja paga.*[17]

Como aponta a historiadora Flávia Maria Schlee Eyler, "a *hybris* é condenada como injustiça, um mal tanto social quanto cósmico".[18]

Com os pensadores sofistas, as leis do Estado se separam definitivamente das leis divinas. "Os sofistas foram assim os primeiros positivistas do direito, pragmatistas e utilitários, ou, como hoje diríamos, os primeiros dos antimetafísicos de todos os tempos."[19]

Na pólis grega, cultivava-se a liberdade coletiva, mais do que individual. O homem era compreendido como cidadão, inserido na sociedade. Mais de dois mil anos antes dos franceses, os helenos cultivavam liberdade, igualdade e fraternidade. Depois da Grécia clássica, a democracia foi restaurada no mundo apenas em 1776, com a Revolução Americana.

Para os gregos, a lei e o costume recebiam o mesmo nome: *nómos*, termo usado também para expressar o bom, o belo, o justo. *Nómos* significa: "O que partilhamos."[20] O direito, ou melhor, "dizer o que é o direito", chamava-se *diké*, conceito intimamente relacionado à justiça. Têmis, nome da deusa da sabedoria, significa legalidade. E a identidade entre esses nomes não é mera coincidência, pois acreditava-se que "a justiça procede de fonte divina e é expressão de uma ordem cósmica em que se reflete o governo divino do mundo".[21]

Diante disso, natural que a deusa da justiça Têmis esteja associada à legalidade.*

Vaso grego

No mundo grego clássico percebeu-se que "vida humana e vida social são uma e a mesma coisa. Os filósofos gregos aprenderam muito exatamente esta verdade",[22] esta ordem natural do mundo. A partir daí, construíram a filosofia. Nenhum homem é uma ilha, para citar o famoso verso de John Donne. Não estamos isolados. Apenas vivemos bem quando em coletividade.

---

* Chorão ainda registra que a palavra latina *Ius* (ou *Jus*) deriva da forma arcaica *Iovis* (Júpiter) e significaria "aquilo que Júpiter ordena", ou *quod Iovis iubet* (Mário Bigotte Chorão, *Temas Fundamentais de Direito*, Coimbra, Almedina, 1991, p. 66).

NOTAS

1 | J. Gilissen, *Introdução histórica ao Direito*, p. 73.
2 | H. Lima, *Introdução à ciência do Direito*, p. 284.
3 | J. Cretella Júnior, *Curso de filosofia do Direito*, p. 93.
4 | C. de Moncada, *Filosofia do Direito e do Estado*, p. 11, 12.
5 | R. de Souza, "O Direito grego antigo", in *Fundamentos da história do direito* (org. Antonio Carlos Wolkmer), p. 74.
6 | J. de Altavila, *Origem dos direitos dos povos*, p. 15.
7 | J. Gilissen, op.cit., p. 73.
8 | E. Ahrens, *Historia del derecho*, p. 104.
9 | J.-P. Vernant, *As origens do pensamento grego*, p. 62.
10 | W. Durant, *Heróis da história*, p. 100.
11 | E. Chaline, *Grécia no ano 415 a.C.*, p. 23.
12 | C. Figueiredo, *100 discursos históricos*, p. 23.
13 | B. Russell, *História do pensamento ocidental*, p. 43, destaques no original.
14 | Aristóteles, *Constituição de Atenas*, p.127.
15 | H. Arendt, *A condição humana*, p. 31.
16 | Ibid., p. 248.
17 | I. Arnaoutoglou, *Leis da Grécia Antiga*, p.78.
18 | F.M.S. Eyler, *História Antiga — Grécia e Roma: a formação do Ocidente*, p. 70.
19 | C. de Moncada, *Filosofia do Direito e do Estado*, p. 14.
20 | C. Vial, *Vocabulário da Grécia Antiga*, p. 238.
21 | M.B. Chorão, *Temas fundamentais de Direito*, p. 66.
22 | R.V. Jhering, *A evolução do Direito*, p. 90.

3 | O TEATRO GREGO

Theatron, em grego, quer dizer plateia, "o lugar de onde se vê". Assim, etimologicamente, o nome está ligado ao conceito. Há muito tempo, o teatro significa o lugar onde ocorrem as apresentações.

A tragédia grega vive o seu auge exatamente quando se desenvolve, em Atenas, a política e a filosofia, a partir do final do século VI a.C. e, principalmente, ao longo do século V a.C.* Há uma coincidência perfeita entre o período dourado da política e o da dramaturgia, o que de forma alguma pode ser visto como acaso. Ao contrário, "podemos entender as tragédias como uma necessidade produzida pela experiência democrática".[1]

Do ponto de vista da dramaturgia, estabelecem-se padrões presentes até hoje.** Com a criação de festivais, o teatro deixa de ser um improviso e ganha ares profissionais.

---

* Segundo Giovanni Reale, "Pensamentos morais profundos e precisas perspectivas morais oferecem também os trágicos, sobretudo Sófocles e Eurípedes, que, porém, são contemporâneos dos sofistas e de Sócrates e, portanto, a sua obra se desenvolve paralelamente ao desenvolvimento da filosofia moral". (*Sofistas, socráticos e socráticos menores*, p. 16).

** "O teatro europeu (...) é quase inteiramente oriundo da tragédia e da comédia gregas." (T.G. Rosenmeyer, "O teatro!, in *O legado da Grécia*, p. 143).

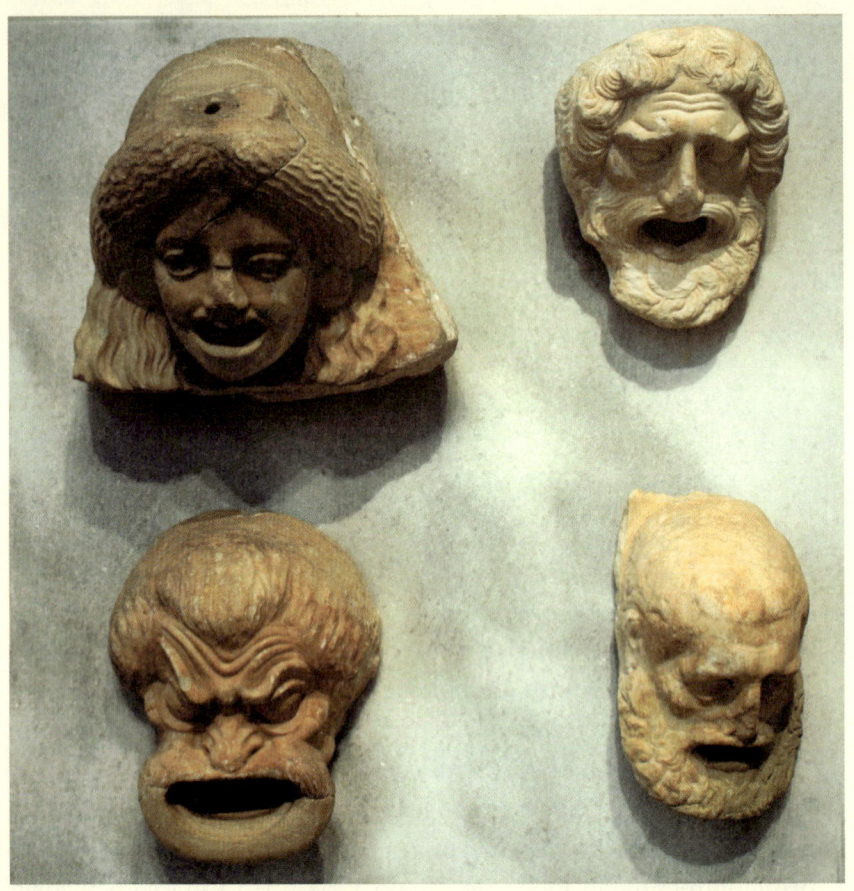

Máscaras

Nesse curto período histórico, viveram os três grandes dramaturgos, Ésquilo (525 a 456 a.C.), Sófocles (496 a 406 a.C.) e Eurípedes (480 a 406 a.C.), todos dedicados à tragédia. Ainda nesse período, Aristófanes (448 a 385 a.C.) escreveu suas comédias.

Embora tenham vivido na mesma época, alguns fatos históricos relevantes deram rumos diferentes às vidas desses gênios. Ésquilo, por exemplo, não viu a decadência de Atenas, diferentemente dos demais, que assistiram ao ocaso da grande cidade. Aristófanes, por sua vez, viveu na Atenas que mergulhava na decadência.

"A tragédia surgiu do coro trágico", registra Nietzsche.[2] Inicialmente, havia os cânticos religiosos do culto do deus Dionísio. O coro, usando máscaras de animais, cantava e dançava um hino em homenagem a Dionísio, chamado ditirambo.

No mito de Dionísio, Zeus — o líder dos deuses do Olimpo — certa vez apaixonou-se por uma princesa tebana chamada Sêmele. Isso era comum para Zeus. Enciumada, Hera, a mulher e irmã de

Dionísio de Caravaggio

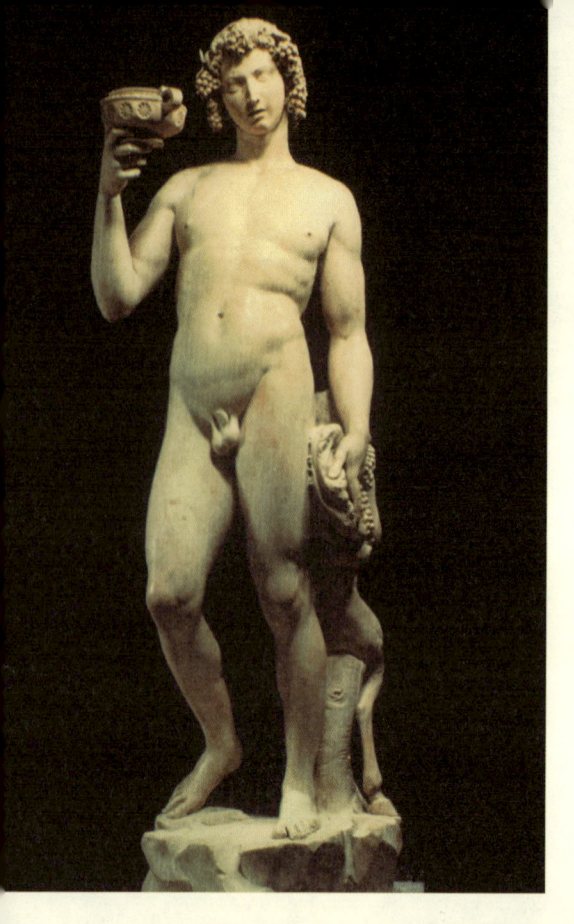

Zeus, metamorfoseando-se em humana, incutiu na princesa tebana a ideia de pedir ao seu amante divino que se apresentasse a ela em todo o seu esplendor. Tratava-se de uma grande armadilha, na medida em que nenhum mortal conseguiria ver um deus como ele realmente era. Entretanto, a ingênua Sêmele primeiro fez com que Zeus jurasse que cumpriria qualquer pedido por ela formulado. Depois de feito o juramento, Sêmele pediu a Zeus que se revelasse como era, com toda a sua radiosa e flamejante luz. Zeus tentou persuadir a jovem amante, mas de nada adiantou. Como havia dado sua palavra, Zeus se apresentou na sua plenitude.

Baco de Michelangelo

Sêmele não resistiu a tanto calor e energia, morrendo imediatamente. Entretanto, Zeus recolheu do ventre de Sêmele o fruto do amor de ambos e colocou o feto na sua coxa. Esse era Dionísio, que terminou sua gestação na coxa do próprio Zeus. Quando Dionísio nasceu, foi entregue às ninfas e aos sátiros do monte Nisa. O deus passou a sua infância nas vinhas que cercavam esse monte. Segundo o mito, Dionísio ensinou ao homem a arte de fazer o vinho. A corte de Dionísio era formada por esses sátiros e ninfas, que bebiam o vinho ao som dos címbalos.

Nietzsche via em Dionísio o perfeito oposto de Apolo. Este representava a luz, a ordem, o clássico e o controlado, enquanto Dionísio encarnava o romântico, o êxtase, o caos e a emoção. Afinal, Dionísio é o deus do vinho, assim celebrado por Mozart no *Rapto do Serralho*: "Vivat Bacchus! Bacchus lebe, der den Wein erfand!" (Viva Baco [ou

Dionísio]! Baco amado, inventor do vinho!). Dionísio não é um deus simples de compreender. Trata-se de uma divindade selvagem, que não se enquadra perfeitamente no panteão olímpico. Seu culto, ao que tudo indica, originou-se no Oriente.

Na Grécia Antiga, com as novas safras, na vindima, celebrava-se a festa do vinho, na qual os participantes se fantasiavam de sátiros, cantando e dançando. Como ensina Junito de Souza Brandão, os "sátiros eram concebidos na imaginação popular como 'homens-bodes'. Teria nascido assim o vocábulo tragédia",[3] do grego *trágos* (bode) e *oidé* (ode, canção), precisamente o canto dos bodes.

Etimologicamente, a palavra "tragédia" recebe algumas explicações. Pode ser o canto que acompanha o sacrifício de um bode, ou o canto executado num concurso, cujo prêmio seria um bode. Dionísio seria a representação do animal. Isso porque segundo uma lenda de Dionísio, ele se transformou num bode para fugir dos Titãs. Nesse caso, o bode seria imolado para purificar a cidade. Há, ainda, a lenda de que Dionísio teria ensinado o cultivo da vinha aos homens. Um dia, um bode devorou a videira. Para castigá-lo, os homens mataram o animal e dançaram sobre a sua pele. Embriagados, cantaram a façanha, o que teria originado o ritual dionisíaco. Muito se discute sobre a etimologia da palavra "tragédia", mas é certo que a tragédia grega representa a passagem do espetáculo cênico como um ritual religioso, do culto de Dionísio, a caminho de um ato cívico. Afinal, como se registrou, "a tragédia é a cidade que se faz teatro".[4] De fato, "no século V a.C., a poesia dramática é o grande arauto da consciência helênica".[5]

Drama, por sua vez, outra palavra de origem grega, significa "ação" ou "atuação". Na definição de Platão e Aristóteles, o drama era a mimésis, ou seja, a imitação ou representação. Por volta de 500 a.C. os bancos de madeira do principal teatro de Atenas ruíram. Diante disso, o governo daquela cidade construiu, na encosta da Acrópole, um teatro maior e mais suntuoso, consagrado ao deus Dionísio. Os semicírculos de pedra se dirigiam ao palco, em direção ao Partenon.

Entre março e abril, os atenienses promoviam um festival de teatro denominado Dionísia Citadina, também conhecido por Grandes Dionisíacas. Tratava-se, a rigor, de uma competição, que começava

Thesmoforia de Millet

com procissões em homenagem a Dionísio "o deus do teatro."⁶ Com efeito, Dionísio era o deus da aparência e, como tal, do teatro. Mas Dionísio, como se disse, também era o deus do vinho, e os seus sacerdotes sentavam-se na primeira fila da plateia.

A Dionisíaca era o mais prestigiado evento teatral, no qual se dava ênfase à tragédia. Havia uma política de subsídios, a fim de garantir que as classes menos favorecidas da cidade pudessem deixar de trabalhar para comparecer aos cinco dias de espetáculo. Em toda a Grécia clássica, apenas as Olimpíadas eram mais importantes do que as Dionisíacas. Calcula-se que trinta mil pessoas se aglomeravam no teatro, ao ar livre; uma quantidade muito maior de pessoas do que a que comparecia às assembleias, composta também por gregos de outras cidades. Todos vinham vestidos de branco, pois isso fazia parte do ritual — Ésquilo dizia tratar-se de "um enxame branco".

Depois da cerimônia de abertura, iniciava-se uma competição entre coros, sempre formados de cinquenta homens ou meninos. Em seguida, dava-se a disputa entre os três dramaturgos. Cada um apresentava três tragédias* correlatas, normalmente uma trilogia, e uma sátira. Esta consistia numa encenação menor, com temas mais amenos, possivelmente com o propósito de aliviar a tensão advinda

---

* Nas tragédias também havia o coro, porém composto de apenas 12 pessoas.

da encenação das tragédias. Comumente, as sátiras retratavam episódios relacionados a Dionísio e seus companheiros.

Encerradas as apresentações, um painel de juízes votava para escolher a melhor peça. A votação se dava da seguinte forma: sorteava-se um representante de cada um dos dez distritos de Atenas. Cada um deles, ao fim das apresentações, indicava a lista das três peças concorrentes, na ordem de sua preferência. Também por sorteio, apenas cinco das dez listas eram colhidas. Com base na ordem contida nessas cinco listas, apurava-se a colocação das peças, indicando-se a vencedora,[7] que recebia um prêmio. A rivalidade existente entre os dramaturgos produziu obras-primas.

O fato de existir essa votação demonstra que o teatro se afastou da cerimônia religiosa. Afinal, na religião, não há espaço para esse tipo de concurso. Além disso, a eleição da melhor peça revela o gosto dos atenienses pelo voto. A democracia era exercida até mesmo nos festivais de teatro.

O festival era financiado pelo tesouro público, por meio da *coregia*, uma espécie de imposto incidente sobre as grandes fortunas. Dessa forma, os cidadãos mais abastados arcavam com o custo dos eventos. Muitas vezes, cabia a um deles (o *choregos*), cumprindo o dever cívico, bancar os custos da produção, o que era motivo de muito prestígio e reconhecimento social.

Ao entrar no auditório, o espectador ganhava um pequeno ingresso de metal, denominado *symbolon*, no qual se indicava o local do assento. Inicialmente, os festivais eram gratuitos. Depois, passou-se a cobrar pela entrada (dois óbolos), embora houvesse isenção de pagamento para aqueles que comprovadamente não pudessem pagar. Assim, o amplo acesso aos espetáculos estava garantido.

Havia, ainda, outro importante concurso dramático, as Dionisíacas Rurais, que ocorriam no mês de Poseidon (dezembro-janeiro).

Um terceiro festival de teatro acontecia no inverno, em janeiro e fevereiro: o de Lenaia (Leneias ou Dionisíacas de Lenaion), com foco central na comédia.

Dotados de uma acústica excepcional, qualquer som naqueles teatros era ouvido mesmo por quem estivesse nos assentos mais distantes.

Esses eventos eram compostos pelos elementos comuns das grandes festividades gregas: procissão (*pompè*), sacrifício (*thusia*), concurso (*agon*) e banquete (*hestiasis*).

Para o banquete, dotado de uma acepção sagrada, sorteavam-se, dentre os cidadãos, aqueles que compartilhariam da mesa. O nome dado a esses sorteados era *parasita*. Com o passar do tempo, essa palavra ganhou uma conotação pejorativa.[8]

Como já dito, inicialmente as apresentações eram apenas cânticos, desenvolvidos por um coro, composto por cidadãos atenienses, no gozo de seus poderes políticos. Um dos membros do coro tinha papel destacado: era o corifeu. Este, por vezes, se comunicava diretamente com os espectadores. Aqueles que estavam ensaiando para uma apresentação ficavam isentos de serviço militar no período. Mais um indício da relevância do teatro naquela sociedade.

Mais tarde, foram introduzidos atores nesses espetáculos, inicialmente denominados *hypokrités* ("aquele que finge"). Enquanto o coro era formado por amadores, os atores principais, todos homens, eram profissionais.

Possivelmente, durante o governo de Pisístrato (528 a 527 a.C.), deu-se a primeira apresentação teatral patrocinada pelo Estado de Atenas. Acredita-se que o autor tenha sido Téspis, numa peça hoje perdida.

No início, havia apenas um ator, o protagonista, que dialogava com o coro. Consoante explica Aristóteles, Ésquilo inovou ao aumentar para dois o número de atores, reduzindo o papel do coro e aumentando os diálogos. Criou-se, assim, o deuteragonista. Sófocles introduziu um terceiro ator em cena,[9] o tritagonista, acentuando o embate e a dinâmica da dramatização. Além disso, a música passou a ter uma importância maior.

O tema central das peças em Ésquilo e Sófocles é político e jurídico. Em Eurípedes, cuida-se também, de forma relevante, dos sentimentos humanos, invadindo o psicológico. Em todos, encontra-se um enredo comum: o herói transgride as regras aceitas pela sociedade, ou estipuladas pelos deuses, e deve sofrer as consequências de seus atos. Comumente, valores são colocados em disputa. Aborda-se o conceito de justiça, a relação entre o cidadão e a comunidade, os julgamentos da conduta, os limites do poder. Em *As suplicantes*, de Ésquilo, e *Antígona*, de Sófocles, por exemplo, a discussão gravita ao redor do conflito entre a autoridade humana e a divina.

O "Estado se apoderou da tragédia e fê-la um apêndice da religião política da pólis."[10] Segundo aquela sociedade ateniense, "o poeta é o guardião de uma verdade superior e um educador que conduz o povo a um plano superior da humanidade."[11] O ateniense não ia ao teatro como os romanos assistiam aos gladiadores ou os homens modernos vão aos estádios de futebol. Mais do que apenas entreter, o teatro funcionava como uma fonte educativa; os dramaturgos eram considerados como educadores e suas peças tinham a função de instruir. Os temas suscitavam discussões, reflexões e, como consequência, amadureciam a consciência coletiva.

As peças, portanto, eram um acontecimento cívico. No teatro, sentavam-se, lado a lado, os aristocratas, os lavradores, os soldados, os comerciantes, enfim, representantes de todas as camadas da sociedade. Embora exista alguma discussão a respeito, acredita-se que as mulheres e os escravos também assistiam às apresentações.

O teatro era uma peça fundamental da democracia ateniense, pois as pessoas discutiam os temas explorados nas peças.[12] Em um ambiente no qual o povo era chamado para tomar decisões acerca do Estado, deveria estar instruído e capacitado a opinar. A arte tinha esse propósito.

Visto o fenômeno por outro ângulo, o teatro, o estímulo ao espírito crítico e à consciência política alimentavam discussões que modificavam o Estado, indicando novos caminhos para a democracia e, notadamente, para o desenvolvimento do direito.

O Estado, o teatro e o Direito caminharam juntos, influenciando-se mutuamente. "Os festivais dramáticos eram uma parte essencial do processo democrático.* Tratava-se de uma experiência política e social que sustentava o desenvolvimento filosófico."[13]

---

* "Atenas, onde floresce o gênero trágico, é, na tragédia, a referência cívica por excelência e, reconstruída em seu tempo, a democracia ateniense aparecerá como o regime que foi mais longe na redução da distância entre o cidadão e os outros." (N. Loraux, "A tragédia grega e o humano", in *Ética*, p. 21).

Evidentemente, a natureza humana também ocupa um espaço nuclear. Os valores morais, quando violados, dão lugar ao elemento trágico. "O caráter do homem é o seu destino" (*Ethos anthropou daimon*), disse Heráclito. *Ethos* significa, em grego, caráter. Dessa palavra deriva ética. O homem paga pela sua soberba, sua falta de prudência e comedimento. Também arca com a sua falta de caráter, sua incerteza e ausência de retidão. Nas tragédias, discutem-se os temas da *catarse* (a purificação das emoções), a *hybris* (a soberba, o orgulho desmedido) e a *hamartia* (a falha trágica).

Há certo padrão nas tragédias gregas, um espelho da nossa natureza: o herói, o protagonista, demonstra arrogância desmedida, a quebra do padrão (*hybris*). Essa quebra da ordem acarreta a vingança dos deuses (*nemesis*). Com isso, o herói tem um rompante, com a cegueira da razão (*áte*) e em seguida cai em desgraça. O herói não é um fraco. Contudo, comete erros de julgamento e daí decorre a sua queda. A quebra do padrão, da *metron* (a medida de cada um), é o ponto de partida da tragédia. Os deuses agem para restabelecer a ordem, a simetria, o equilíbrio.

Com relação à sua estrutura, a trama também segue um modelo. As peças iniciam com um prólogo, momento no qual a plateia se inteira da situação. Depois, vem o párodo, quando o coro entra em cena e estabelece uma relação com o herói. A partir daí, se seguem os episódios, nos quais as personagens interagem. Um conhecido formato do episódio era o *agon*, quando as personagens travam um duelo verbal. Os episódios são cortados por estásimos, que designam a intervenção do coro. No final, vem o êxodo, com o término da trama. A saída dos personagens de cena — êxodo, em grego, significa exatamente essa retirada.

Nas tragédias, para que o público pudesse ver melhor o espetáculo, os atores usavam botas com solas grossas, que deviam ter entre 15 a vinte centímetros (os coturnos), para elevar a sua estatura. Além disso, usavam máscaras, que variavam de acordo com o momento, e eram dotadas de um cone que se encaixava na boca, permitindo amplificar a voz. Os gregos chamavam essas máscaras de *prosopon*.

Dessa palavra deriva a figura de linguagem *prosopopeia*, que consiste em atribuir vida e sentimentos a seres não humanos.*

Nas comédias, diferentemente, os atores usavam sandálias sem salto. Portavam "máscaras pequenas que mais pareciam caricaturas".[14]

Entre as inovações dessas peças, vale citar o *mechane*, um guindaste que suspendia o ator que desempenhava o papel de algum deus, que parecia flutuar. Desse truque de cena surgiu o termo latino *deus ex machina*, que denota uma solução que ocorre inesperadamente e por meio de um subterfúgio.

As tramas referidas nas tragédias gregas clássicas são retiradas dos ciclos épicos mitológicos. Das passagens lendárias, as tragédias colhem a sua matéria-prima. Uma grande fonte é a história da maldição dos Átridas, com Agamenon, sua mulher Clitemnestra e os filhos Ifigênia, Electra e Orestes. Outra fonte é a Guerra de Troia, com as troianas Hécuba e Andrômaca.** Há, ainda, o ciclo tebano, com Jocasta, Édipo e os filhos destes, Antígona, Ismênia, Polinices e Etéocles.

Na lúcida interpretação de Jean-Pierre Vernant e Vidal-Naquet, "As obras dos dramaturgos atenienses exprimem e elaboram uma visão trágica, um modo novo de o homem se compreender, se situar em suas relações com o mundo, com os deuses, com os outros, também consigo mesmo e com seus próprios atos."[15] Tão importante foi a lição deles que, no século seguinte à morte desses dramaturgos, o governante Licurgo fez editar uma lei proibindo aos atores promover qualquer alteração nos textos das tragédias de Ésquilo, Sófocles e Eurípedes.

Goethe, em 1824, delineou a essência da tragédia: "Todo o trágico se baseia numa contradição irreconciliável. Tão logo aparece ou se torna possível uma acomodação, desaparece o trágico." Há aqui um ponto comum com o fenômeno jurídico. O Direito nasce para solucionar um litígio que emerge quando a ordem é violada. Apenas quando

---

* Os romanos deram a essas máscaras usadas no teatro o nome de *persona* (*per sonare*: para soar, emitir sons). Isso porque a máscara amplificava a voz dos atores. Eis a origem da palavra "pessoa".

** A historiadora Barbara Tuchman defende que "Toda a experiência humana está contida na história de Troia, posta pela primeira vez por Homero" (*A marcha da insensatez*, p. 38).

surge o drama — o conflito entre as pessoas, a transgressão do ordenamento jurídico —, o Direito aflora, para restabelecer a paz social. Resolvido o litígio, o Direito se recolhe e a tragédia encontra seu fim.

NOTAS

1 | F.M.S. Eyler, *História Antiga — Grécia e Roma: a formação do Ocidente*, p. 106.
2 | F. Nietzsche, *O nascimento da tragédia*, p. 49.
3 | J.S. Brandão, *Teatro grego*, p. 11.
4 | J.-P. Vernant e P. Vidal-Naquet, *Mythe et Tragédie-Un*, p. 22.
5 | R. Codá, *Epitáfios gregos*, p. 27.
6 | J.A.D. Trabulsi, *Dionisismo, poder e sociedade*, p. 140.
7 | F. Durando, *Ancient Greece*, p. 90.
8 | F. de Coulanges, *A cidade antiga*, p. 204.
9 | Aristóteles, *Poética*, p. 46.
10 | J.S. Brandão, op.cit., p. 13.
11 | A. Hauser, *História social da arte e da literatura*, p. 87.
12 | M. Chou, *Greek Tragedy and Contemporary Democracy*, p. 6.
13 | C. Freeman, *The Greek Achievement*, p. 193.
14 | B. Heliodora, *O teatro explicado aos meus filhos*, p. 24.
15 | J.-P. Vernant e P. Vidal-Naquet, *Mito e tragédia na Grécia Antiga*, p. 214.

4 | ÉSQUILO

"Zeus abriu aos mortais os caminhos da prudência, ele, Zeus, o mestre que lhes deu esta lei: sofrer para compreender."
ÉSQUILO, *Agamenon*

Ésquilo nasceu em Elêusis, povoado perto de Atenas, em 525 a.C. Era um aristocrata, filho da nobreza rural. Viveu intensamente os principais fatos históricos de seu tempo: o fim da tirania em Atenas, com as reformas democráticas, e a guerra para conter o invasor persa. Ésquilo combateu em Maratona e na batalha naval de Salamina, e essas experiências se refletem em suas peças. Conquistou tanto prestígio que foi convidado por Hierão I, o tirano de Siracusa, para passar uma temporada em sua corte. Ésquilo faleceu em 456 a.C., em Gela, na Sicília.* Em sua tumba, constava o seguinte epitáfio, cuja autoria se atribuía ao próprio dramaturgo:

> Aqui jaz Ésquilo, distante de Atenas.
> Seu lar, sob este solo de Gela, de onde brota o trigo.
> Sobre a coragem do filho de Euforion na batalha
> Muito podem contar os persas, de longos cabelos
> Que fugiram de Maratona.

---

* Acerca dos aspectos físicos de Ésquilo, sabe-se que ele era careca (Margareth Bieber, *The History of Greek and Roman Theater*, p. 21).

Ésquilo recebe o título de "pai da tragédia",[1] pois, de fato, criou o gênero. Pode ser considerado o inventor da dramaturgia, na medida em que lhe coube introduzir o segundo ator nas peças. Antes, havia apenas um ator que declamava sua fala e era, por vezes, intercalado com o coro. Com o diálogo, a peça ganha outra dinâmica.

Há registro de que, durante a sua vida, o dramaturgo respondeu a processo por ter profanado os Mistérios de Elêusis (ou Culto a Deméter),* ou seja, entendeu-se que, de alguma forma, ele teria difamado os deuses. Desconhece-se qual de suas peças teria causado esse problema. Sabe-se, contudo, que foi absolvido.[2] Infere-se que a perseguição se tenha dado por motivos políticos.[3]

Apenas sete obras inteiras de Ésquilo chegaram até nós:** *Os persas* (472 a.C.), *As suplicantes* (por volta de 472 a.C.), *Os sete contra Tebas* (467 a.C.), *Prometeu acorrentado* (sem uma data certa, mas seguramente mais próxima do fim da carreira do dramaturgo) e a *Trilogia oresteia* (integrada por *Agamenon*, *Coéforas* e *Eumênides*, representadas em 458 a.C.). Ésquilo escreveu também uma trilogia sobre Aquiles, certamente baseado na *Ilíada*, de Homero, mas apenas fragmentos sobraram. Todas as suas peças tiveram suas estreias em Atenas, nos festivais de Dionísio.

Como se verá, as peças de Ésquilo tratam dos males advindos da desmesura. Os deuses do Olimpo puniam quem quer que agisse de forma soberba. Cada herói deveria conter-se na sua *metron*, ou seja, na "medida de cada um." Um dos pilares da sabedoria grega era exatamente o conceito: "nada em excesso" (*meden agan*), que figurava num pórtico do santuário do Oráculo de Delfos. Afinal, essa desmesura desencadeava a "némesis", o ciúme divino. A punição era a "áte", a cegueira da razão do herói, que inevitavelmente acarretava

---

* Deméter, uma das 12 principais divindades do Olimpo, filha de Cronos e Rea, era a deusa da terra cultivada, venerada para garantir as boas colheitas.

** Há, contudo, o registro de que Ésquilo teria escrito 79 títulos.

a sua queda. Em Ésquilo, os dramas decorrem da luta entre o bem e o mal, deixando claros, sempre, os valores que deveriam ser respeitados pelos cidadãos. É possível ver, pela cronologia das peças que sobreviveram, a diminuição do respeito que Ésquilo devotava aos deuses. A maior prova disso é *Prometeu acorrentado*, a última de suas peças que sobreviveu. Essa obra carrega uma pesada crítica à tirania imposta por Zeus.

Os persas e a democracia

"Eles não são escravos nem súditos de nenhum mortal."
ÉSQUILO, *Os persas*

Reputa-se *Os persas* como a mais antiga peça grega remanescente. Ésquilo tinha cinquenta anos quando a produziu. Foi apresentada no festival ateniense em homenagem a Dionísio de 472 a.C., apenas oito anos depois da vitória final dos gregos sobre os persas. A rigor, a batalha da Salamina, um incidente relevante da peça, fora travada perto de Atenas, não muito longe do teatro onde Ésquilo apresentava seu trabalho. Além disso, boa parte do público tomara parte na batalha. A guerra contra os persas emocionava não apenas porque era recente, mas também pelo fato de a Acrópole, quando a peça foi encenada, se encontrar destruída, em função do saque persa de 480 a.C.

Normalmente, as peças gregas tinham por enredo alguma lenda antiga, retirada da época mítica dos grandes heróis. *Os persas*, de Ésquilo, contudo, trata de um evento historicamente próximo: a vitória grega sobre os persas, com a qual se impediu a invasão destes. Neste ponto, *Os persas* é singular, pois não há outro exemplo de uma tragédia grega clássica que tenha tomado por base um fato histórico.

Na moral grega, o conceito de *hybris* era considerado extremamente negativo. *Hybris*, como se mencionou, é a soberba que antecede a queda. A soberba, o orgulho desmedido, leva a pessoa ao julgamento equivocado, ao erro (*áte*), que determina a decadência e a queda. Esse fenômeno resulta de um julgamento divino, pois os deuses não suportam a arrogância humana.

A peça narra a desgraça que se abate sobre Xerxes, rei dos persas, com a derrota que sofreu contra os gregos. Xerxes acreditou-se invencível, e essa soberba desmensurada, a *hybris*, foi responsável por sua derrocada.

Até mesmo o fantasma do pai de Xerxes, o grande Dario, surge para lamentar a arrogância que culminou na retirada persa, cobrando tantas vidas. O espectro de Dario explica: "Zeus punitivo vigia os demasiado / soberbos pensamentos, severo juiz." Fica clara a distinção entre o estadista Dario e Xerxes, este último dominado pela ambição e arrogância, e o julgamento divino que condena Xerxes à derrota.

A soberba do rei persa também se mostra na sua crença de que sozinho seria fonte do poder, que, na Grécia de Ésquilo, advinha do povo. Edith Hall entende que essa interpretação de *Os persas*, "(...) de que a peça se ocupa da celebração do sistema democrático ateniense, com seu núcleo compacto de cidadãos (...), é sustentada pela apresentação dos persas e seu império como deficientes exatamente nas qualidades que os atenienses apreciavam imaginar que caracterizavam o sistema democrático: liberdade de expressão, ausência de protocolo hierárquico, responsabilidade dos magistrados e proteção do indivíduo diante das leis."[4]

Num determinado momento da peça, a rainha dos persas pergunta quem é o comandante dos gregos. O corifeu, o líder do coro, responde: "Eles não são escravos nem súditos de nenhum mortal."

Está claro ao povo de Atenas: eles vivem numa democracia. Não há um tirano. A ordem emana da coletividade.

Ao fim, Xerxes recebe a sua punição e chora: "Ai! Ai de mim! Sofro pela cidade!"

Xerxes violou a *metron* e, portanto, amargou a derrota. A humildade, assim como a democracia, é um valor cultuado na pólis. Heródoto explicitou, já naquela época:

O governo do povo (...) traz primeiro consigo o mais belo de todos os nomes: igualdade perante a lei, e, em segundo lugar, nenhuma das injustiças cometidas por um governante único é cometida nele. Todas as funções são atribuídas por meio de sorteio, e seus detentores são responsáveis pelos atos praticados no exercício das mesmas, e todas as decisões são submetidas à assembleia popular (...) acabemos com o governo de um homem só e elevemos o povo ao poder, pois tudo está na maioria.[5]

A peça registra a vitória dos homens livres sobre os escravos. Heródoto registra: "Assim cresceu o poder de Atenas, e assim fica demonstrado não por um exemplo, mas por muitos, que a igualdade é uma coisa boa; pois que, no tempo em que eram governados por déspotas, os atenienses não eram melhores guerreiros do que qualquer povo vizinho, porém tão logo se livraram do despotismo tornaram-se de longe os melhores de todos."[6]

Em *Os persas*, Ésquilo revela o orgulho por sua civilização, por sua pátria. E "para os gregos, a pátria era uma necessidade, sem a qual eles não poderiam viver".[7]

Por outro lado, como nota Ruth Scodel, "é possível ver a peça como um aviso aos atenienses, a fim de que não se tornem iguais aos invasores".[8]

A grande lição é a de que a democracia representa um avanço para a civilização. O poder é legitimado pelo povo.

O artigo 1.º da Constituição Federal do Brasil registra, no seu *caput*, que a República constitui-se em um Estado Democrático de Direito. "Entende-se como Estado Democrático de Direito a organização política em que o poder emana do povo, que o exerce diretamente ou por meio de representantes."[9] O povo é soberano, e esse direito se exerce pelo voto, como registra o artigo 14 da Constituição Federal brasileira.

Esse princípio fundamental, como tal reconhecido na Constituição do Brasil e de todos os países civilizados, foi conquistado naquele momento histórico no qual Ésquilo escreveu *Os persas*. O estabelecimento da democracia é um degrau necessário à construção do direito.

As suplicantes e a dignidade da pessoa humana

"Seja para nós o justo direito protetor."
ÉSQUILO, As suplicantes

Como explica o tradutor J.A.A. Torrano, o título desta peça de Ésquilo no original, *Hikétides*, significa, ao mesmo tempo, as suplicantes e as recém-chegadas.[10] A peça faz parte de uma trilogia da qual é a única remanescente. Durante séculos, essa tragédia foi preservada em apenas um exemplar, e sobreviveu por uma felicidade do acaso.

A obra, que venceu as Grandes Dionísias de 463 a.C., relata a chegada, em Argos, de um grupo de cinquenta mulheres, fugidas do Egito. Elas suplicam abrigo à cidade. Seu exílio decorre do fato de terem se negado a casar com os noivos escolhidos, tendo que fugir de sua terra natal. Os atenienses se orgulhavam de acolher fugitivos da opressão.

Na peça, há a referência de que o pai das suplicantes é Dânao. Isso remete a lenda das danaides, segundo a qual estas cinquenta irmãs teriam assassinado seus maridos na noite de núpcias. A rigor, uma das irmãs, Hipermnestra, salva seu marido, porque deseja ter filhos. Contudo, na peça de Ésquilo, não se fala desse homicídio, mas apenas na recusa das mulheres em aceitar a imposição do casamento.

Vale notar que as fugitivas, que buscavam abrigo em Argos, tinham aparência física, cor, religião, hábitos e valores distintos dos argivos, a quem pediam asilo. Essa particularidade revela que a peça é também um hino à aceitação das diferenças e um reconhecimento de que a nossa humanidade serve como fonte de união. As suplicantes são mulheres negras e fiéis a outros deuses. Entretanto, a sociedade lhes deve respeito e solidariza-se com a injustiça que a elas se apresenta.

O rei Pelasgo de Argos ouve o pedido de asilo das mulheres, alertando, de início, que "longa fala, porém, não agrada à cidade".*

O rei sabe que, caso abrigue as suplicantes, logo haverá uma guerra, pois os egípcios virão reclamá-las. Por um lado, há um dever sagrado de socorrer os desamparados e dar guarida a quem pede abrigo;

---

* As traduções de *As suplicantes* adotadas aqui tomam por base a de Jaa Torrano.

Danaides

violá-lo geraria a *poluência*, isto é, a característica de estar maculado, perante os olhos dos deuses, por algum grave erro. Eis, portanto, o conflito entre, de um lado, conceder asilo e, de outro, evitar a guerra. Caso se dê abrigo às suplicantes, a guerra é inevitável. Todavia, ao negar o asilo, estar-se-á violando um dever sagrado de hospitalidade. O que interessa mais à pólis?

As suplicantes rogam ao rei:

Tu és a cidade, tu és a população.
Por seres prítane* não sujeito a juiz,
És senhor do altar, lareira da terra,
com teu solitário voto.
No trono de solitário cetro, tens todo
Poder necessário. Evita a poluência.

As mulheres trazem a sua referência: o rei é o soberano absoluto e lhe cabe tomar a decisão para evitar que a cidade seja amaldiçoada. Pelasgo, em resposta, registra o seu dilema:

Não posso defender-vos sem dano,
Nem é prudente desprezar as preces.
Perplexo, o pavor me toma o espírito,
Por agir e por não agir e pela sorte.**

Ambas as possíveis soluções trazem consequências: a guerra ou a poluência.

O discurso do rei Pelasgo segue invadindo conceitos jurídicos:

Se os filhos de Egito têm poder sobre ti,
por lei civil, como parentes próximos,
quem poderia contrapor-se a eles?
Deves alegar, conforme leis pátrias,
que eles não têm autoridade sobre ti.

---

* Prítane era o principal magistrado em muitas cidades gregas.
** Pelasgo é um precursor de Hamlet, no seu dilema entre "agir e não agir".

> *Não me torne nunca submetido*
> *ao poder dos varões; sob os astros*
> *considero remédio de tristes núpcias*
> *o exílio. Toma a Justiça por aliada*
> *e decide pela veneração dos deuses.*
> *Difícil é decidir. Não me tomes por juiz.*
> *Já disse antes: sem o povo não cumpriria*
> *Isso, nem se pudesse, para que o povo,*
> *se houvesse infortúnio, nunca me diga:*
> *"ao honrar advindas, destruísse o país."*

Primeiro, o rei trata do conceito de jurisdição, na medida em que, sendo as suplicantes cidadãs egípcias, devem submeter-se às leis daquele Estado. Depois, Pelasgo revela a importância do povo no processo decisório, na medida em que suportarão as consequências da decisão.

Diante do impasse, o rei recorre à assembleia dos cidadãos de Argos. É extremamente significativa essa delegação de poder, na qual, já não é o rei quem decide, mas o povo.

O dilema parece insolúvel: de um lado, a segurança da cidade, de outro, o sofrimento das suplicantes. A discussão pode bem ser reduzida ao interesse da coletividade *versus* o direito fundamental do indivíduo.

Finalmente, as suplicantes ameaçam o suicídio coletivo diante do altar. Isso seria uma afronta aos deuses e traria desgraça à cidade. O tema é submetido ao povo de Argos, que, por unanimidade, decide acolher e apoiar as fugitivas. Segundo Snell, "pela primeira vez, alguém luta pela responsabilidade e pela justiça, para afastar o mal".[11]

É Dânao, pai das suplicantes, que narra o resultado da votação popular:

> *Votaram os argivos, não ambiguamente,*
> *mas a rejuvenescer meu velho coração.*
> *O céu eriçou mãos destras unânimes*
> *dos que têm o poder desta palavra:*
> *que nós residamos nesta terra, livres,*

> *sem o resgate, com o asilo de mortais,*
> *e que nenhum nativo, nem forasteiro,*
> *nos leve; mas, se houver prepotência,*
> *quem dentre os nobres não socorrer,*
> *seja desonrado com exílio desta região.*

As danaides manifestam sua alegria, louvando a cidade:

> *Intrépido conserve os cargos*
> *o povo que governa a cidade,*
> *prudente império de cuidados comuns.*
> *Conciliadores com os forasteiros*
> *antes que armem Ares**
> *sem dores tenham justiça.*

Eis uma exaltação à democracia.

Ao mesmo tempo, trata-se de um reconhecimento de que os direitos fundamentais devem preponderar sobre quaisquer outros.

Os egípcios vêm reclamar as mulheres. O arauto egípcio tem uma longa conversa com o rei Pelasgo, na qual o primeiro exige a entrega das fugitivas. O rei de Argos nega o pedido e garante o asilo às refugiadas. O arauto, então, ameaça:

> *Parece-nos já o início de nova guerra.*
> *Sejam dos varões a vitória e o poder.*

O rei de Argos responde, informando que os egípcios encontrarão, contra eles, "eu e todos os cidadãos de quem se cumpre este voto. Por qual poder maior esperas?". Não há maior poder do que aquele emanado do povo.

A peça acaba com a ameaça de invasão dos egípcios, mas o coro, representando o povo, diz-se seguro de que fez bem em acolher as suplicantes.

---

* Ares é o deus da guerra. Marte para os romanos.

Embora seja uma tragédia, ela não acaba em morte, mas apenas com a notícia da iminência da guerra. O tema, acredita-se, fora tratado nas demais peças que compunham a hoje perdida trilogia. De toda forma, a peça exorta o valor da democracia e o direito de os cidadãos escolherem o destino de sua cidade.

Os estrangeiros não gozavam, em regra, de direitos.[12] Em Atenas, contudo, eles recebiam proteção limitada, notadamente com o dever de hospitalidade do cidadão ateniense.[13]

Para realçar a discussão acerca da natureza humana, Ésquilo decidiu fazer das suplicantes, na sua peça, estrangeiras, mulheres de cor e religião distintas dos gregos. Tudo isso para mostrar que, mesmo com as diferenças, a condição humana é suficiente para que a pessoa seja merecedora de toda proteção e respeito, avultando o conceito de solidariedade e de igualdade.

Os gregos, como se explicitou, elegeram a individualidade como o tema central das indagações filosóficas. Com isso, inicia-se a história da personalidade na nossa civilização. A dignidade da pessoa humana, independentemente de sua origem, sexo, pátria ou religião deve ser protegida, ainda que, para isso, se tenha que enfrentar a guerra, como ocorre na obra de Ésquilo.

Veja-se, a propósito, o artigo I-2.º da Constituição da união Europeia:

> *A união funda-se nos valores do respeito pela dignidade da pessoa humana, da liberdade, da democracia, da igualdade, do Estado de Direito e do respeito dos direitos, incluindo os direitos das pessoas pertencentes às minorias. Estes valores são comuns aos Estados--membros, numa sociedade caracterizada pelo pluralismo, a não discriminação, a tolerância, a justiça, a solidariedade e a igualdade entre mulheres e homens.*

A Constituição Federal do Brasil também indica, no artigo 1.º, III, a dignidade da pessoa humana como um dos fundamentos da República. Trata-se, portanto, não apenas de um direito de se ter a dignidade respeitada, pois, mais que isso, um dos alicerces do Estado é pautado na proteção dessa dignidade.

Depois de enaltecer em *Os persas* a conquista do Estado democrático, Ésquilo, em *As suplicantes*, avança outro degrau fundamental na construção de uma sociedade sadia e do direito: a indicação clara do vértice axiológico. Nesta obra, a democracia também é enaltecida. É o povo quem escolhe amparar as estrangeiras e, por isso, justifica-se a opção. Entretanto, Ésquilo, com essa peça, vai tratar do mérito dessas escolhas do povo, para indicar os valores que merecem amparo. Coloca-se, então, o ser humano como o mais alto dos valores a ser protegido. Por ele, todos os demais interesses devem ceder. Para proteger o ser humano, até a guerra se justifica.

Prometeu acorrentado[*] e o repúdio à tirania

O mito de Prometeu é fascinante. Apesar de ser um deus, apodera-se do fogo e, contrariando a orientação de Zeus, o entrega à humanidade. O fogo simboliza a tecnologia, o conhecimento, as ferramentas necessárias para que o homem supere os outros animais e progrida. Por conta dessa traição, Prometeu é acorrentado — a ordem é "aprisionar o criminoso com fortes cabos de aço no rochedo íngreme"[**] —, e submetido a torturas. Por ter roubado o fogo:

> *Tal afronta aos imortais requer castigo duro.*
> *Que aprenda a dar valor à voz de Zeus*
> *e refreie seus gestos filantrópicos.*

Na peça de Ésquilo — na qual se encontra o primeiro monólogo teatral de que se tem notícia —, há um ingrediente distinto do mito, tal como foi originalmente exposto por Hesíodo na sua *Teogonia*. Em *Prometeu acorrentado*, Zeus é um tirano que acaba de assumir o poder. Como Hefesto registra na peça: "é sempre duro o coração dos novos reis." Curiosamente, o próprio Prometeu reconhece nela que sofre exatamente porque "amou demais" aos mortais.[***]

Trata-se, aliás, da única peça que nos chegou da dramaturgia clássica na qual todos os personagens são divindades. Não há humanos na trama.

Zeus venceu a luta contra os titãs, liderados por Cronos. Nessa luta, Zeus contou com a ajuda de Prometeu, o que torna sua prisão um ato de ingratidão. Zeus, que se rebelou contra os titãs pela violência destes, passa, ele próprio, a ser violento no exercício do poder.

---

[*] Esta peça já recebeu, em português, diversas traduções distintas no seu título: *Prometeu encadeado*, *Prometeu agrilhoado*, *Prometeu prisioneiro*, *Prometeu cadeeiro* e *Prometeu acorrentado*.
[**] A tradução utilizada parte da versão de Trajano Vieira.
[***] Segundo Karl Kerényi, é exatamente esse amor em demasia aos humanos que justifica a tragédia (*Arquétipos da religião grega*, p. 289).

A vitória dos deuses sobre os titãs tem significado metafórico: os titãs representam a força bruta da natureza, enquanto os deuses olímpicos refletem uma ordem, instaurada com a vitória dos deuses.

Essa peça, cuja autoria de Ésquilo é, por vezes, contestada, começa com dois deuses, o Poder (*Kratos*) e a Força (*Bia*),* acompanhados de Hefesto, o deus ferreiro, levando Prometeu, a quem acorrentam num penhasco, por ordem de Zeus. Hefesto cumpre sua tarefa a contragosto, pois reconhece o excesso de rigor. A força bruta de Zeus, o líder dos deuses, é arbitrária. Não há dúvida de que a peça é uma crítica ao exercício do poder.

Como se narra, Prometeu sabe quem é a mulher (ou deusa) com quem Zeus não deve casar, pois o filho dessa união acabará por destroná-lo. É Prometeu quem vaticina que Zeus "parirá um filho mais forte que o pai". Emissários de Zeus exigem que Prometeu revele o nome da tal mulher, mas o titã se nega e sofre as penas de sua recusa.

Prometeu denuncia o despotismo de que é vítima:

Sei como Zeus é irascível,
Faz da justiça seu capricho.

Com o que concorda o coro:

Com normas novas Zeus governa,
Sem parâmetro algum.

Oceano, outro titã, tenta convencer Prometeu a submeter-se a Zeus:

Eu vejo, Prometeu; embora não te falte sutileza,
ouve um conselho:
Conhece-te a ti mesmo, adota modos novos;
Há um novo chefe em meio aos deuses.

---

* A *Bia* é, a rigor, a força bruta.

Prometeu mantém sua coerência. Ele não se curva e acaba sofrendo a severa sanção. Tal como Zeus, Prometeu revela-se inflexível. Recusa-se, até mesmo, a acatar a sugestão de Oceano, que atua como mediador. Bem vistas as coisas, Zeus e Prometeu revelam-se arrogantes nas suas posições.

Prometeu é um contestador, um revolucionário. "Odeio todos os deuses", confessa. A escolha desse mito como protagonista é muito eloquente, uma vez que Prometeu, segundo a lenda mitológica, é, como se disse, quem leva o fogo dos deuses e o compartilha com a humanidade. Logo na primeira fala da peça, o Poder, que aqui trata-se de uma personagem, reconhece que o "fogo, ele [Prometeu] furtou e entregou aos mortais". É, portanto, Prometeu — o revolucionário e transgressor — quem salva o homem.

A peça acaba com Prometeu gritando:

Mãe venerável, éter, luz,
Moldura imóvel do universo,
Contempla a minha pena injusta!

Como reconhece Jaa Torrano, *Prometeu acorrentado* destaca-se, entre as obras de Ésquilo, como a "mais esquiliana", precisamente porque impõe ao espectador a "reflexão a respeito dos limites inerentes a todo exercício do poder no horizonte da pólis de Atenas no século V a.C.".[14] Ao contrário das outras obras de Ésquilo, em *Prometeu acorrentado* encontramos um Zeus cruel e tirânico, que suscita o sentimento de injustiça.

Ésquilo, outra vez, apresenta padrões essenciais para a formação de um Estado democrático, denunciando a tortura* e o arbítrio. O grito final de Prometeu é um contundente alerta contra a tirania.

De outro lado, *Prometeu* de Ésquilo marca, na nossa civilização, o surgimento do indivíduo, clamando por liberdade, ainda que, para tanto, tenha que se rebelar contra o poder estabelecido pelos deuses.

---

* Um dos primeiros incisos do artigo 5.º da Constituição Federal do Brasil (III), que trata das garantias fundamentais, proíbe a tortura e o tratamento desumano.

A *Trilogia oresteia: Agamenon, Coéforas* (ou *Portadoras de libações*) e *Eumênides* — o nascimento do Direito

A *Trilogia oresteia*, apresentada em 458 a.C., composta por *Agamenon*, *Coéforas* (ou *Portadoras de libações*) e *Eumênides*, é a única trilogia completa que chegou até os nossos dias. Escrita dois anos antes da morte de Ésquilo, recebeu o maior prêmio nas Dionisíacas.

O tema é uma maldição familiar, agravada geração após geração, pela culpa dos membros da família dos Átridas, cuja lenda a plateia de Atenas conhecia bem. Trata-se da história de um rei chamado Tântalo, que desejou a imortalidade e serviu, num banquete aos deuses, a carne de seu próprio filho, Pélops. Por esse ato, Tântalo foi condenado a sofrer um suplício sádico de eterna fome e sede.*

Pélops, por intervenção divina, consegue ressuscitar e, tempos depois, casa-se com Hipodâmia, que mata seu sogro. De sua relação com Hipodâmia, nascem dois filhos: Atreu e Tiestes. Estes disputam o reino de Micenas e tornam-se figadais inimigos. Fingindo uma reconciliação, Atreu convida Tiestes para um banquete e repete a história do avô, servindo para o irmão a carne dos filhos dele. Tiestes, ao descobrir o ato cruel do irmão, jura vingança. Um filho de Tiestes, Egisto, que escapara da morte pelo tio, também promete vingar-se. Atreu, por sua vez, teve dois filhos: Agamenon e Menelau. Agamenon casou-se com Clitemnestra, e o casal teve quatro filhos: Ifigênia, Crisótemis, Electra e Orestes. Já Menelau casou-se com uma irmã de Clitemnestra, a famosa Helena, que viria a ser conhecida como Helena de Troia. Sobre todas essas personagens recairá o drama do *genos* (o grupo familiar) maldito.

---

* No suplício de Tântalo, passam pelos seus pés um rio de águas límpidas e à altura de seus braços, há uma árvore frondosa. Contudo, quando Tântalo tenta beber a água ou colher a fruta, o rio seca e um vento afasta suas mãos da comida. Assim, embora Tântalo veja os alimentos ao seu lado, não consegue pegá-los, experimentando fome e sede eternas.

Os átridas

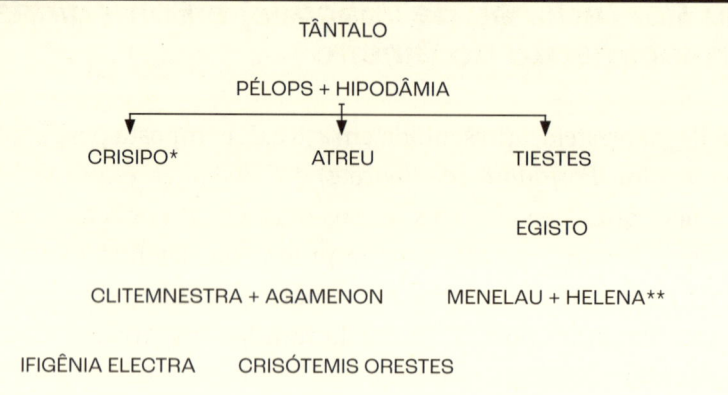

```
                        TÂNTALO
                           │
                 PÉLOPS + HIPODÂMIA
          ┌────────────────┼────────────────┐
          ▼                ▼                ▼
       CRISIPO*          ATREU           TIESTES

                                          EGISTO

      CLITEMNESTRA + AGAMENON        MENELAU + HELENA**

   IFIGÊNIA  ELECTRA   CRISÓTEMIS  ORESTES
```

Nas três as peças que compõem a *Trilogia oresteia*, identifica-se o elemento da hereditariedade da culpa, isto é, as personagens respondem por atos nefastos cometidos por seus antepassados, embora eles próprios agravem essa culpa, por também tomarem decisões equivocadas. Assim, este conceito permeia a obra do dramaturgo.

Genos, grupo composto pelos parentes com vínculo de sangue, é um tema relevante na sociedade grega e comum nas tragédias. Se uma pessoa comete um crime contra outra, o *genos* do lesado deve vingar-se. Se uma pessoa age contra alguém de seu próprio grupo familiar, cabe a todo o *genos* promover a vingança. Até mesmo do ponto de vista religioso, o sangue derramado de um familiar afeta todo o *genos*. Historicamente, admitia-se essa vingança do parente consanguíneo, o que resultava no extermínio de famílias inteiras.[15] Isso apenas terminou com a reforma jurídica de Sólon.

Do ponto de vista moral, havia, a rigor, dois tipos de vingança nos crimes cometidos dentro de um mesmo *genos*. Na hipótese de o mal cometido ocorrer entre pessoas que não partilhassem o mesmo sangue, ainda que participassem da mesma família (como seria o caso de o marido com a sua mulher), haveria a vingança apenas dos familiares. Caso, entretanto, houvesse um crime contra pessoas do mesmo sangue, além de isso desencadear a vingança dos familiares,

---

* *Crisipo foi seduzido por Laio (dos labdácidas).*
** *Helena e Clitemnestra são irmãs.*

dar-se-ia, também, um abalo cósmico que desencadearia a atuação das Erínias, deusas primitivas, habitantes do inferno, que perseguiriam os infratores.

Assim, o mal contra alguém de seu próprio sangue trazia, para o autor do ato e para todo o seu *genos*, a represão divina, de forma que seus descendentes ficavam marcados.* Os gregos acreditavam que quem atacasse seu próprio sangue atraía a ira dos deuses.

Também se encontra nas peças a orientação moral de um Estado bom e correto. O coro, em *Agamenon*, representa o povo e a ética da cidade. Esse coro registra:

A morada onde a justiça enrista-se
é prolífera em belos filhos. Sempre.[16]

Na primeira peça da trilogia *Agamenon*, o líder grego na conquista de Troia retorna para sua casa, mas é morto por sua mulher, Clitemnestra, que jamais o perdoara pelo sacrifício de Ifigênia, a filha mais velha do casal, promovido para garantir a partida da frota grega para Troia. Clitemnestra e seu amante Egisto, então, usurpam o trono e expulsam Orestes e Electra, filhos de Agamenon.

Na segunda peça, *Coéforas* (ou *Portadoras de libações*), Orestes e Electra vingam a morte de Agamenon e matam Clitemnestra, a própria mãe.

Na última peça da trilogia, *Eumênides*, Orestes é perseguido pelas Erínias, as Fúrias vingativas, pelo crime brutal que cometera ao matar a própria mãe. Orestes foge para Atenas, onde recebe julgamento de 12 jurados, em sessão presidida pela própria deusa Atenas.

Tanto Sófocles quanto Eurípedes voltarão ao mesmo enredo em *Electra*. Os dois dramaturgos elaboraram uma peça com o mesmo nome, tendo por heroína a filha de Agamenon, que ajuda a matar a mãe para vingar a morte do pai.**

---

* Interessante notar que essa regra consta do Antigo Testamento: "E aqueles que entre vós ficarem se consumirão pela sua iniquidade nas terras dos vossos inimigos, e pela iniquidade de seus pais com eles se consumirão." (Levítico 26:39)
** Um tema exemplar para Freud que, claro, examinou o complexo de Electra.

As Fúrias perseguindo Orestes 1

Oliver Wendell Holmes, um dos maiores juízes da Suprema Corte americana de todos os tempos, registrou que o Direito se desenvolveu a partir da vingança.[17] A *Oresteia* é uma boa prova disso.

Agamenon

"Também o pai falha (...)?"
ÉSQUILO, Agamenon

Nesta peça, que inicia a trilogia, Ésquilo, divergindo da tradição que faz de Agamenon rei de Micenas, transporta a ação para outra cidade, Argos.*

---

* Argos e Esparta eram cidades vizinhas, na região da Lacônia. Esparta era rival de Atenas, e Argos, sua aliada. Acredita-se que a escolha de Argos se deu para enal-

Seu pai, Atreu, disputou o trono com seu irmão Tiestes, ambos da família dos Pelópidas. Durante a pendência, Atreu oferece um banquete a Tiestes, no qual serve os filhos deste último. Sem saber, Tiestes devora sua prole. Quando o ato infame é descoberto, Tiestes é exilado. O filho de Atreu, Agamenon, sucede o pai no poder de Argos e acaba por se tornar um respeitado chefe de Estado.

Máscara de Agamenon

Líder de seu exército na investida contra Troia, Agamenon, antes de partir, enfrentou uma terrível decisão, cujo simbolismo é evidente. Para auxiliar os gregos na guerra contra os troianos, os deuses exigiram como tributo o sacrifício de Ifigênia, filha de Agamenon, que se viu, então, diante de uma escolha duríssima: a filha ou seu povo? Visto de outra forma: a família ou o Estado? Agamenon perderia em qualquer das opções. O rei escolhe imolar a filha.

Outra leitura possível é aquela que coloca Agamenon entre a escolha de sua família ou da glória pessoal. Nesse enfoque, Agamenon coloca sua ambição à frente de tudo.

Sacrificada Ifigênia, a tropa grega segue para Troia. Os gregos vencem a guerra e Agamenon, depois de dez anos, volta para casa, coberto de glória. O rei, contudo, reconhece: "A voz do povo, quando encorpa, troa."

Ao retornar para Argos, Agamenon traz consigo a princesa troiana Cassandra, sua concubina e prêmio de guerra. Outra afronta à rainha Clitemnestra, que jamais perdoara seu marido pela morte da filha. Irmã da belíssima Helena de Troia, Clitemnestra, quanto tem a chance, mata Agamenon:

Ouves agora a Lei de minhas juras,
por Diké, a Justiceira de Ifigênia,

---

tecer sua importante aliança com Atenas.

por Ruína e Erínia, às quais eu o imolei:
a esperança não pisa no palácio do medo[18]

Trata-se, pois, de uma peça de vingança. Como registra John Kerrigan, "por quase 3 mil anos, a vingança tem sido a preocupação central da literatura europeia".[19]

Clitemnestra tem um amante, Egisto, filho de Tiestes, irmão e vítima de Atreu, pai de Agamenon. Egisto também quer vingar-se de seu primo Agamenon, pela dor, humilhação e exílio sofrido pelo seu pai.

Assim, o casal, cada qual por um motivo distinto, encontra fundamento, no que qualificam de *justiça*, para assassinar Agamenon. Essa justificativa se baseia, ao menos no sentimento de Clitemnestra e Egisto, mais uma vez, na vingança.

Evidentemente, isso nos faz pensar no que pode ser a justiça. Seria justiça vingar a morte da própria filha ou vingar a humilhação e o exílio do pai, dirigindo-se ao filho do agressor? Pode haver justiça fundada na vingança? Esse fecundo tema é aprofundado na sequência da trilogia.

Assim, após ter voltado da guerra, Agamenon enfrenta a conspiração doméstica. Seguindo a tradição de a mulher limpar o marido depois de uma longa ausência, Clitemnestra e Egisto matam o rei durante o banho, e Cassandra, assume o poder de Argos.

O tema passa por um dos principais motes das peças gregas: a absoluta debilidade da alegria humana, suscetível às mais radicais e inesperadas mudanças. Agamenon, em instantes, vai da glória suprema à morte.

A peça, dominada pela determinada Clitemnestra, uma figura feminina que deve ter assombrado a machista sociedade grega, termina com a rainha buscando acalmar Egisto:

Não dês ouvido, amigo, aos vãos grunhidos.
Nós dois à frente, a urbe logo apruma-se.

Coéforas (ou *Portadoras de libações*)

"Sofra o que fez, assim fala a velha palavra."
ÉSQUILO, *Coéforas*

Depois da ação vista em *Agamenon*, nas *Coéforas* vê-se a reação. Trata-se também de uma peça de vingança.

Em grego, coéfora significa "a portadora das libações". A libação é uma deferência aos deuses: trata-se do ato de verter, respingar ou borrifar um líquido (água, vinho, leite, azeite ou mel) enquanto se faz uma oração, e tem o propósito de atrair a benevolência dos deuses diante de situações difíceis, como antes de uma batalha, de uma viagem ou de um enterro.

A peça se inicia com o coro das servas do palácio real de Argos, no caso, as coéforas, celebrando as glórias heroicas, no túmulo de Agamenon. Os filhos de Agamenon e Clitemnestra, Orestes e Electra, diante de sua tumba, lamentam a morte do pai e condenam a mãe. Falam em justiça, que, aqui, tem um duplo alcance: a vingança pela morte do pai e a restituição do poder, usurpado pela mãe e seu amante Egisto. Orestes e Electra decidem vingar o pai:

É uma lei que as gotas de sangue espargidas no solo
Reclamam um novo sangue.
O assassinato apela para as Erínias
A fim de que, em nome das primeiras vítimas,
Elas tragam nova vingança sobre vingança.

Orestes enfrenta o dilema moral: cabe a ele vingar o pai?

Orestes leva, então, ao coro sua angústia. Ele compreende a gravidade do ato que planeja: matar a própria mãe. Contudo, existe a justificativa que acredita ser legítima. Recebe a seguinte resposta do coro:

ó grandes porções, por Zeus,
que o término esteja aqui
aonde o justo se transporta.
Com odiosa língua, odiosa

Delfos

língua se pague, a Justiça
ao cobrar dívida proclama.
Com pancada letal, letal
pancada se puna. Sofra o que fez,
assim fala a velha palavra.*

Olho por olho, dente por dente.

Orestes consulta o Oráculo de Apolo, em Delfos, para saber se deveria vingar o pai, mesmo se esse ato significasse matar sua própria mãe. Indagado, o oráculo dá a ordem de "matar quem matou": olho por olho, dente por dente.

Disfarçado, vai ao palácio de Argos e informa que ele, Orestes, teria morrido. Clitemnestra, diante dessa notícia (cuja falsidade ela desconhece), tem uma reação ambígua: por um lado, sofre pela morte de seu filho; por outro, fica aliviada, na medida em que Orestes representava a ameaça de vingança pela morte de Agamenon.

Aproveitando que Clitemnestra o dava por morto, Orestes mata Egisto e a própria mãe.

A passagem na qual Orestes assassina a mãe é fortíssima. Primeiro, Orestes golpeia Egisto, amante de Clitemnestra. Atraída pelos gritos, a rainha se aproxima:

CLITEMNESTRA Que há? Que grito se escuta pelo palácio?
SERVO Digo que os mortos matam o vivo.
CLITEMNESTRA Ai! Compreendo a palavra deste enigma! Perecemos por dolo como matamos.
Deem-me logo o machado homicida.
Vejamos se vencemos ou somos vencidos:
eis a que ponto cheguei deste infortúnio.
ORESTES A ti procuro, para este [apontando a Egisto morto] é o bastante.
CLITEMNESTRA Ai! Estás morto, querido Egisto.

---

* Os trechos referidos desta peça partiram da tradução de Jaa Torrano (Ésquilo, *Coéforas*).

ORESTES Amas o homem? Assim na mesma tumba jazerás e não terás como traí-lo.

Diante da ameaça do filho, Clitemnestra mostra seu seio e indaga a Orestes como poderia ele matar quem o nutriu.

CLITEMNESTRA Para, filho, e respeita, criança,
este seio em que muitas vezes já sonolento
sugaste com as gengivas nutriente leite.

Orestes resiste:

ORESTES Julgo-te vencer e aconselhas-me bem.
Seiga, quero imolar-te junto a ele [indicando o corpo morto de Egisto]: quando ainda vivo preferiste-o ao pai.
Dorme com ele morta, já que amas a esse
e a quem devias amar odeias.
CLITEMNESTRA Eu te criei e contigo quero envelhecer.
ORESTES Que? Matadora do pai morarás comigo?
CLITEMNESTRA O Destino, filho, disto também é causa.
ORESTES Também esta morte o Destino preparou.
CLLIMNESTERA Não temes as preces maternas, filho?
ORESTES Não. Tu me remeteste ao infortúnio.
CLITEMNESTRA Não, remeti ao palácio como hóspede nosso.
ORESTES Vilmente fui vendido, embora filho de pai livre. (...)
CLITEMNESTRA Parece-te, filho, que matarás a mãe?
ORESTES Tu, não eu, a ti mesma te matarás.
CLITEMNESTRA Cuidado com as rancorosas cadelas da mãe [está falando das Erínias]
ORESTES E as do pai, como as evito? Omito-me aqui?"

É nessa passagem que Orestes apresenta seu dilema: agir ou omitir-se. Ao que o diálogo segue:

CLITEMNESTRA Parece que em vão gemo viva junto à tumba.
ORESTES O destino do pai determina tua morte.

CLITEMNESTRA *Ai de mim, esta serpente pari e nutri.*
ORESTES *Mataste quem não devias, sofre o indevido.*

Consumados os assassinatos, Orestes se justifica ao coro. A morte de Egisto se deve ao adultério, e a lei prevê essa punição. O assassinato da mãe, contudo, ocorreu porque era necessário fazer justiça, pois Clitemnestra planejara e executara a morte de Agamenon, rei de Argos e pai de Orestes.

Depois de consumar o ato, Orestes brada: "por justiça cometi este massacre da mãe." Na sequência, registra que o Oráculo de Apolo o estimulou a realizar o assassinato, que seria um "agir isento de maligna culpa". Havia, portanto, um cuidado de Orestes em isentar sua culpa pelo que cometeu.

A peça acaba com um resumo, feito pelo coro, da desgraça que se abate sobre a casa real dos Pelópidas. O banquete com os filhos de Tiestes, no qual o tio Atreu mata os sobrinhos e o pai devora seus filhos; o sacrifício de Ifigênia, primogênita de Agamenon e Clitemnestra; o homicídio de Agamenon, filho de Atreu, por sua mulher Clitemnestra; e o assassinato de Clitemnestra por Orestes, filho dela com Agamenon. Uma carreira de atrocidades.

O coro revela a ideia de que a família carrega a culpa por atos de seus antepassados. Esse conceito está prestes a ser contestado na terceira e última peça da trilogia, como veremos em seguida.

Os temas passam a ser: Orestes deveria vingar seu pai, assassinado friamente, ainda que, para isso, tivesse que matar a própria mãe? Enfim, deveria Orestes ser punido por essa vingança?

Eumênides (*As boas deusas*)

"Vós, convocai testemunhas e indícios, instrumentos auxiliares da justiça. Seletos os melhores de meus cidadãos terei a decisão verdadeira desta causa."
ÉSQUILO, *Eumênides*

As Erínias, também chamadas Fúrias ou "aquelas com raiva", são deusas, cuja missão consiste em perseguir aqueles que cometeram algum mal. A palavra grega para vingança, *diképhoros*, é a tradução literal para "aquele que traz justiça". Assim, a vingança, inicialmente, estava intimamente relacionada à justiça. Eumênides são "as sagradas" ou "as boas", ou, ainda, "as boas deusas". A peça culmina na transformação das Erínias, forças da natureza, em mantenedoras de uma ordem ditada pela razão humana. Ao final da trama, a deusa Atenas dá as Erínias uma nova alcunha, Eumênides, exatamente pelo papel na sociedade que elas passam a exercer. Mas isso não se dá facilmente.

Por ter matado a própria mãe e em função de todo o histórico de sua família, as Erínias perseguem Orestes. Inicialmente, apenas Orestes consegue ver as Erínias (seria uma alucinação?). De fato, apesar de dominarem a ação, elas aparecem somente na terceira peça, que fecha a trilogia.

Em *Eumênides*, as Erínias são representadas pelo coro, que, ainda no começo da peça, discutem com o deus Apolo.

> *CORO DAS ERÍNIAS Expulsamos de casa os matricidas.**
> *APOLO E qual destino se dá à mulher que mata o marido?*
> *CORO DAS ERÍNIAS Não seria homicídio consanguíneo.*
> *APOLO Consideram sem honra nem valor*
> *o pacto de Hera e Zeus.***
> *Cípris*** por tua fala é rejeitada sem honra,*
> *dela obtêm os mortais o maior vínculo.*
> *O leito para o marido e a mulher destinado*
> *velado por justiça é mais que juramento.*
> *Se toleras que cônjuges se matem*
> *sem puni-los, sem vigiá-los com ira,*
> *nego que expulses Orestes com justiça.*

---

* Os trechos referidos desta peça partiram da tradução de Jaa Torrano (Ésquilo, *Eumênides*).

** Zeus e Hera são marido e mulher.

*** Cípris é uma das alcunhas de Afrodite, deusa do amor. Isso porque, segundo a lenda, ela nasceu no Chipre ou em Cítera, no sul do Peloponeso.

Sei que, se neste caso te enfureces,
naquele ages com óbvia brandura.
Disto a Deusa Palas* vigiará a justiça.
CORO DAS ERÍNIAS Não largarei jamais aquele homem.
APOLO Persegue então e multiplica tua fadiga.
CORO DAS ERÍNIAS Não cortes meus privilégios com palavras.
APOLO Nem aceitaria ter privilégios teus.
CORO DAS ERÍNIAS Grande te dizes junto ao trono de Zeus. Eu perseguirei justiça para este homem [falando de Orestes], sangue materno derramou, justifica-se a minha caça.
APOLO Eu acudirei e defenderei o suplicante.
Terrível se torna entre mortais e Deuses
a ira do suplicante se adrede o traio.

Enquanto as Erínias juram perseguir Orestes, Apolo promete defendê-lo. Afinal, Orestes agiu

As Fúrias perseguindo Orestes 2

* Palas era outro nome para a deusa Atenas (a Minerva dos romanos).

de modo justo ao matar a mãe para vingar o pai?

Outro aspecto relevante para o julgamento: Orestes agiu orientado pelo Oráculo de Apolo. Poderia ele ser culpado por uma conduta autorizada por um deus? Orestes acredita que agiu como um justiceiro, não um assassino. O tema, não há dúvida, é jurídico.*

Atenas no julgamento com as Fúrias

O tema é levado ao julgamento de Atenas, deusa da sabedoria, mas que também expressa a justiça. Enquanto Orestes é réu, as Erínias atuam como promotoras. O júri é composto por cidadãos atenienses e pela própria deusa Atenas.

Logo em sua primeira manifestação, Atenas censura as Erínias:

(...) *vituperar o próximo sem motivo*
Afasta-se do justo e repugna à lei.

Estas então começam a explicar à deusa Atenas seu propósito:

CORO DAS ERÍNIAS *Breve saberás tudo, filha de Zeus.*
Nós somos as filhas da Noite eterna.
Imprecações nas moradias subterrâneas.
ATENAS *Agora conheço vossa estirpe e nome.*
CORO DAS ERÍNIAS *Logo saberás quais as minhas honras.*
ATENAS *Saberia se explicassem seus propósitos claramente.*
CORO DAS ERÍNIAS *Expulsamos de casa os homicidas.*
ATENAS *E para quem mata onde finda a fuga?*
CORO DAS ERÍNIAS *O acusado teve a ousadia de massacrar a mãe.*
ATENAS *Mas por coerção ou temor de alguém?*

---

* "This play is largely devoted to legal argument", reconhece Ruth Scodel, tratando exatamente desta peça (R. Scodel, *Greek Tragedy*, p. 101).

As Erínias pedem à Atenas que julgue a causa:

CORO DAS ERÍNIAS *Submete a exame e dá reta sentença.*
ATENAS *Confiaríeis a mim o termo da causa?*
CORO DAS ERÍNIAS *Como não? Reverentes à mútua estima.*
ATENAS *Que dirás disto por tua vez, forasteiro?*
Fala de tua terra, estirpe e situação,
depois repele de ti esta reprimenda,
(...)
Responde-me com clareza a tudo isso.
ORESTES *Senhora Atenas, (...)*
Sou argivo, conheces bem meu pai,
Agamenon, o comandante da esquadra,
com que fizeste destruir as muralhas de Ílion.
Ele sucumbiu sem nobreza ao chegar
em casa, minha mãe de coração negro
matou-o envolto em astuto véu,
testemunho do massacre no banho.
Eu, antes exilado, ao regressar
matei quem me gerou, não o nego,
punindo a morte do querido pai.
Coautor disso é Loxias,* ao predizer
dores aguilhoantes do coração
se eu nada fizesse aos culpados.
Se agi com justiça ou não, julga-o tu.
Entregue a ti, seja como for, acatarei.

Após a apresentação das Erínias e de sua justificativa para a condenação de Oreste, este apresenta outro argumento: a necessidade de agir, pois a omissão diante da morte do pai seria condenável. O tema, com a exposição de Orestes, fica claro: o pai foi assassinado e cabe ao filho vingá-lo, para fazer justiça. Contudo, seria essa solução correta se o homicida do pai fosse a sua mulher, mãe de Orestes? Seria essa uma escusa para que o filho pudesse matar a mãe?

---

* O Oráculo de Delfos consultado por Orestes.

O julgamento segue:

ATENAS Se a um mortal parece esta causa grave
demais para julgar, nem me é lícito
dar sentença de massacre por motivo de ira.
(...)
Tal é a situação: é difícil para mim
acolher ou despedir sem mover cólera.
Já que a coisa atingiu este ponto
escolhe no país juízes de homicídio
irrepreensíveis, reverentes ao instituto
juramento que instituo para sempre.
Vós, convocai testemunhas e indícios,
instrumentos auxiliares da justiça.
Seletos os melhores de meus cidadãos
terei a decisão verdadeira desta causa,
sem que injustos violem juramento.

A deusa assume a função de julgadora. Atenas elege, para fins do julgamento, um grupo de cidadãos notáveis, exatamente como ocorria na cidade de Atenas de então. A deusa se preocupa em estabelecer o devido processo, com testemunhas, a oportunidade de exposição das defesas, juízes imparciais e capacitados. A deusa explica que a legitimidade da decisão se encontra exatamente no procedimento de como se extrai o veredicto.

Atenas inicia o processo:

ATENAS Sendo convocado este Conselho,
cabe o silêncio, e que toda a cidade
aprenda para sempre minhas leis,
e estes, como decidir a sentença.
Soberano Apolo, impera onde podes.
Diz o que nesta questão te concerne.
APOLO Vim para ser testemunha: ele por lei
é suplicante e hóspede em meu palácio,
a purificação eu lhe fiz do massacre.

*Vim para defender, sou responsável
pelo massacre de sua mãe.
Dá início e, como conheces, conduz o processo.
ATENAS Vossa é a palavra. Início e processo.
O acusador primeiro desde o princípio
poderia instruir de verdade a questão.
CORO DAS ERÍNIAS Somos muitas, mas falaremos curto
responde fala por fala por tua vez.
Diz primeiro se és matador da mãe.
ORESTES Matei. Não é possível negar isso.
CORO DAS ERÍNIAS Eis já ganho um dos três assaltos.
ORESTES Vanglorias quando ainda não caí.
CORO DAS ERÍNIAS Deves dizer como a mataste.
ORESTES Com espada na mão, cortei o pescoço.
CORO DAS ERÍNIAS Quem persuadiu? Quem aconselhou?
ORESTES Os Oráculos de Apolo. Ele me testemunha.
CORO DAS ERÍNIAS O adivinho te determinou que matasse a mãe?
ORESTES E até aqui não lamento a sorte.
CORO DAS ERÍNIAS Se for condenado, dirás diferente.
ORESTES Confio que não. Da tumba, meu pai auxiliará.
CORO DAS ERÍNIAS Confia nos mortos, matador da mãe!
ORESTES Ela era tocada de dupla poluição.
CORO DAS ERÍNIAS Como assim? Explica-o aos juízes.
ORESTES Matando o marido, matou meu pai.
CORO DAS ERÍNIAS Quê? Tu vives, ela pagou com a morte.
ORESTES Por que não a perseguiste em vida?
CORO DAS ERÍNIAS Não era consanguínea de quem matou.
ORESTES E eu sou do sangue de minha mãe?*

Nesse ponto, Orestes introduz uma discussão existente na época: o filho também guardava o sangue da mãe, ou possuía apenas o sangue paterno?

Essa concepção, de que a mãe seria só uma incubadora, apenas se justificava numa sociedade machista, como era a Atenas de então. O filósofo Anaxágoras, um contemporâneo de Ésquilo e amigo de Péricles, defendia que as crianças eram fruto apenas da semente paterna. Sabe-se, contudo, que, mesmo naquela época, essa era uma posição minoritária, pois se conseguia observar, pela óbvia semelhança física entre a mãe e sua prole, que os filhos não eram um produto apenas do pai.

De toda sorte, o argumento é trazido por Orestes para afastar a ideia de que teria matado alguém de seu próprio sangue. Clitemnestra, por sua vez, ao matar Agamenon não incorreu nesse crime terrível, uma vez que seu marido não tinha seu sangue.

A peça segue. Atenas exige que ambas as partes tenham a oportunidade de se manifestar. Depois de ouvidos os argumentos de ambos os lados, Atenas determina que os jurados profiram a decisão:

> ATENAS Ordeno-lhes que com justa sentença
> deem o voto, bastando o já debatido?
> APOLO A flecha já está disparada.
> Espero ouvir que decisão a causa terá.
> ATENAS Então, que fazer sem que vós reproveis?
> CORO DAS ERÍNIAS Ouvistes o que ouvistes; em vosso coração respeitai juramento e votai.
> ATENAS Escutai o que instituo, povo da Ática,
> quando primeiro julgais sangue vertido.
> O povo de Egeu terá no porvir doravante
> e sempre este Conselho de juízes.
> Assenta-se neste penedo, base e campo
> de amazonas, quando por ódio a Teseu
> guerrearam e ergueram nova cidade
> de altos muros contra nossa cidade,
> e sacrificavam a Ares, donde o nome
> pedra e penedo de Ares.* Aqui Reverência
> e congênere Pavor dos cidadãos coibirão
> a injustiça dia e noite do mesmo modo,
> se os cidadãos mesmos não inovam as leis.
> Quem poluir a fonte límpida com maus
> afluxos e lama, não terá donde beber.

---

* Areópago é, precisamente, a "pedra de Ares".

> *Aconselho aos cidadãos não cultuar*
> *nem desgoverno, nem despotismo;*
> *nem de todo banir da cidade o terror.*

Na passagem transcrita, Atenas enfaticamente adverte os cidadãos dos malefícios de alterar a lei. A deusa usa uma bela imagem: poluir a fonte acarreta um mal para toda a cidade, que perderá a água limpa. Também a deusa trata da importância da sanção. O cidadão deve temer a consequência de desrespeitar a lei.

> *ATENAS Que mortal é justo, se não tem medo?*
> *Se com justiça temêsseis tal reverência,*
> *teríeis defesa da terra e salvação do país*
> *como ninguém dentre os homens a tem,*
> *nem entre os citas, nem no Peloponeso.*
> *Instituo este conselho intangível*
> *ao lucro. Venerável, severo, vigilante*
> *atalaia dos que dormem na terra.*
> *Estendo esta exortação aos meus*
> *cidadãos do porvir. Deveis erguer-vos,*
> *levar o voto e decidir a sentença,*
> *respeitado o juramento. Tenho dito.*

Nesse trecho, Atenas entrega aos homens o poder de julgar seu semelhante. Isso, como ordena a deusa, deve ser feito com severidade, atenção e justiça.

As Erínias ameaçam: caso não se condene Orestes, elas se vingarão da cidade: "Mas se eu não obtiver justiça/ farei pesada companhia a esta terra."

O julgamento é feito e há um empate entre os votos dos 12 jurados. Cabe a Atenas desempatar, e a deusa decide em favor de Orestes:

> *Eis minha função, decidir por último.*
> *Depositarei este voto em favor de Orestes.*
> *(...)*
> *Este homem está livre de acusação*

de homicídio, deu empate nos votos.

As Erínias, contudo, não se conformam e queixam-se a Atenas:

Antigas leis vós outros atropelastes
e roubastes-me das mãos.

Ameaçam desgraçar a cidade e recebem, em retorno, o consolo e uma promessa da deusa:

Escutai-me, não profirais grave pranto.
Não fostes vencidas, mas houve deveras
justo empate, sem nenhuma desonra vossa.
Provieram de Zeus claros testemunhos
e a testemunha era mesmo o oráculo
de que Orestes agindo assim não teria dano.
Não inflijais grave cólera a esta terra,
(...)
Eu com toda justiça vos prometo:
tereis assento e abrigo de justo solo
pousadas no brilhante trono do altar
honradas pelo apreço destes cidadãos.

Atenas concita as Erínias a ingressar naquela sociedade. Passariam a ser veneradas ali também. As Erínias acabam por aceitar o convite.

Aceitarei o convite de Palas (Atenas),
Não desonrarei a cidade.

Atenas se alegra:

Vejo destes semblantes terríveis
grande lucro para estes cidadãos.
Se honrardes sempre benévolos
a estas benévolas, brilhareis,

*governando terra e cidade
em tudo com reta justiça.*

A justiça da vingança é substituída pela benevolência. A retribuição do mal é sucedida por uma nova ordem. Sob esse ponto de vista, Ésquilo se antecipou quase cinco séculos ao evangelista Mateus.*

A trilogia começa, em *Agamenon*, no escuro Palácio dos Átridas e termina, com *Eumênides*, no luminoso Areópago de Atenas. Este caminho — das trevas à luz — tem enorme significado.

Há, como se vê, a instauração de uma nova ordem. A antiga Lei de Talião, a punição familiar (do *genos*), defendida pelas Erínias, perde espaço. A nova lei vem de Apolo, deus das luzes, em prol da cidade e da civilização. As Erínias vivem no Hades, o inferno dos gregos, enquanto Apolo habita o ensolarado Olimpo.

Apolo encaminha Orestes a um tribunal, presidido por Atenas, no qual seus argumentos serão ponderados. Doze cidadãos da cidade de Atenas compõem o painel de julgadores, cabendo à deusa votar em caso de empate. Na prática, Apolo advoga para Orestes, enquanto as Erínias querem a sua punição.

O Tribunal do Areópago fora a mais alta corte de Atenas, composto apenas por representantes da alta aristocracia, com poderes bastante extensos. Na época de Ésquilo, o poder do Areópago, entretanto, fora mitigado, notadamente pelo fortalecimento de um grupo populista, que pregava o poder das cortes controladas de modo mais democrático e não pela aristocracia. O Areópago passa a julgar apenas os crimes contra a vida. Possivelmente, Ésquilo se ressentia da perda de prestígio desse tribunal, que simbolizava também a perda de prestígio da aristocracia. Na *Oresteia*, Ésquilo enaltece o Areópago, como forma de glorificá-lo.

Atente-se que, segundo a regra das Erínias, do Direito antigo, que elas defendiam, o matricida sequer tinha direito a um julgamento: ele deveria morrer sem outras considerações. Sua morte era uma re-

---

* O Evangelho de Mateus ensina: "Tendes ouvido o que foi dito: Olho por olho, dente por dente. Eu, porém, vos digo: não resistais ao mau. Se alguém te ferir a face direita, oferece-lhe também a outra" (Mateus 5:38 e 5:39).

gra certa, que não poderia ser revista por um tribunal. O coro, que na peça representa as Erínias, defende, num primeiro momento, que sequer deve haver um julgamento desse terrível ato: "Impossível julgamento!". Derramar o sangue materno estava acima de qualquer perdão e o julgamento, por si só, já representa uma alteração diante das regras primitivas.

Ao perderem a contenda, com o voto de Atenas, as Erínias, pelo corifeu, reclamam: "Ah, deuses jovens! Pisais em leis antigas." O matriarcado, numa ordem antiga, era mais relevante do que o patriarcado. Matar a mãe, como fez Orestes, era imperdoável, caso a sociedade fosse matriarcal. Diferentemente, numa sociedade patriarcal, o respeito ao pai era o maior valor, e, assim, a vingança de Orestes tinha fundamento. As Erínias eram deusas antigas, associadas à terra e a uma sociedade matriarcal, diferente de Apolo e Atenas, deuses patriarcais. Aliás, Atenas, ao proferir seu voto, reconhece:

> *Juntarei meu voto aos que são a favor de Orestes. Não tive mãe que me desse à luz. Minha simpatia vai para o varão (...). Sou inteiramente pelo pai. Não levarei em conta a morte de uma mulher que matou o marido, guardião de seu lar. Basta para a absolvição de Orestes que os votos contrabalancem.*

O novo Direito ignora a maldição familiar, desconsidera a Lei de Talião. As Erínias reclamam a aplicação da antiga lei, pela qual "as gotas de sangue derramado na terra exigem outro sangue". A nova lei, diferentemente, trata da culpabilidade individual, aprecia a consciência do agente e as circunstâncias do ato. As luzes, trazidas pela ordem dos novos deuses — Atenas e Apolo —, garantem um julgamento isento, levado adiante por um tribunal composto por cidadãos, resguardada a análise da situação do acusado. Trata-se de uma conquista da humanidade.

A *Oresteia* "protesta contra a ira cega e a violência, contra o despotismo e a anarquia".[20] A nova postura das Erínias, agora Eumênides, prenuncia a razão como elemento motor na apreciação dos fatos. Promoveu-se um grande salto para o mundo jurídico, com a adequada apuração da responsabilidade. O homicídio era indesculpável para as Erínias, independentemente de suas circunstâncias. Entretanto, permitindo-se a análise da situação, Orestes é absolvido no Areópago.

Vê-se que a *Oresteia* gravita ao redor do problema de conflito de sanções. Há uma divisão fundamental: de um lado, o mundo masculino, os deuses do Olimpo, uma nova ordem. De outro, o mundo feminino, divindades antigas e uma ordem ancestral. Os conceitos se encontram em um conflito inconciliável. Cada modelo apresentava uma resposta diferente ao que ocorreu com Orestes. A divergência é legítima, tanto assim que há empate no julgamento. Cabe a Atenas, com seu voto, solucionar o impasse e estabelecer a paz.

Ésquilo, com *Os persas* e *As suplicantes*, de 472 e 463 a.C., respectivamente, indicou a democracia como a organização política civilizada e o respeito à dignidade da pessoa humana como seu maior propósito. Na *Trilogia oresteia*, de 458 a.C., soma-se outra conquista: o instrumento para se concretizar a democracia e proteger seus valores — um Direito no qual o cidadão receberá um julgamento justo.

A *Trilogia oresteia* demonstra, com uma nitidez notável, a caminhada do fenômeno jurídico: a necessidade de julgamento, independentemente do crime cometido, com a oportunidade de defesa pelo réu. Um julgamento feito pelos cidadãos, logo, pela sociedade. O fim da vingança privada, a apreciação da culpa, como elemento da punibilidade, a análise das circunstâncias e dos valores envolvidos, para que se compreenda a situação são pilares da civilização, sem os quais não há dignidade. É, como Ésquilo expôs numa linda metáfora, a chegada da luz.

NOTAS

1 | J. Gassner, *Mestres do teatro*, p. 19.
2 | A. Lesky, *A tragédia grega*, p. 97.
3 | J. Gassner, op.cit., p. 22.
4 | E. Hall, *Aeschylus — Persians*, p. 13.
5 | Heródoto, *História*, livro 3, p. LXXX.
6 | Heródoto, op.cit., livro 5, p. LXXVIII.
7 | G.W.F. Hegel, *Filosofia da história*, p. 211.
8 | R. Scodel, *Greek Tragedy*, p. 72.
9 | G.F. Mendes, I.M. Coelho e P.G.G. Branco, *Curso de Direito Constitucional*, p. 139.
10 | J. Torrano, "As súplicas a Zeus suplicantes na tragédia *As suplicantes* de Ésquilo", in *Tragédias*, Ésquilo, p. 211.

11 | B. Snell, *A cultura grega e as origens do pensamento europeu*, p. 107.
12 | J. Dolinger, *Direito internacional privado*, p. 109.
13 | E. Ahrens, *Historia del derecho*, p. 107.
14 | Ésquilo, *Tragédias*, p. 339.
15 | J.S. Brandão, *Teatro grego*, p. 43.
16 | Ésquilo. *Agamenon de Ésquilo*.
17 | O.W. Holmes, *The Common Law*, 2-25.
18 | Ésquilo, op.cit.
19 | J. Kerrigan, *Revenge Tragedy*, p. 3.
20 | H.D.F. Kitto, *Greek Tragedy*, p. 80.

5 | SÓFOCLES

"Em Sófocles, pelo menos, 'tudo é demonstrado'."
NIETZSCHE[1]

Trinta anos após o nascimento de Ésquilo,[*] em 496 a.C. na cidade de Colono, um subúrbio de Atenas, nasce Sófocles, filho de um abastado comerciante de espadas. Amigo íntimo do governante Péricles, participou ativamente da vida política de Atenas, ocupando o cargo de tesoureiro-geral (*hellenotamias*), entre 443 e 442 a.C. Além disso, foi eleito comandante do exército grego (*estrategôs*) em expedições militares. Diz-se que viveu noventa anos, tendo falecido em 406 a.C., mesmo ano da morte de Eurípedes, que se foi pouco antes dele. Conta-se que Sófocles teria comparecido, já nonagenário, ao teatro para prantear a morte do rival Eurípedes.

Portanto, Sófocles acompanhou a vitória sobre os persas, assistiu ao apogeu da cidade, no tempo de Péricles, e viu a sua decadência, com a Guerra do Peloponeso.

Diferentemente do que ocorre no coro de Ésquilo, em Sófocles, ele não é uma personagem, mas atua como um espectador da peça. Seus temas são diretamente relacionados à cidade. Foi Sófocles quem introduziu o terceiro ator nas peças gregas,[2] aumentando as opções

---

[*] Sobre a influência de Ésquilo em Sófocles, ver F. Nietzsche, *Introdução à tragédia de Sófocles*, p. 83.

dramáticas, da mesma forma que foi pioneiro ao se valer da cenografia, fazendo uso das pinturas atrás das cenas,[3] criando um novo recurso — visual — ao espetáculo.

Sófocles foi o maior vencedor dos concursos teatrais gregos, com 18 vitórias. O seu primeiro êxito ocorreu em 468 a.C., quando contava 27 anos e derrotou Ésquilo, na época com 57. Há registros de que tenha escrito 123 peças, das quais se conhecem 111 títulos.[4] Contudo, apenas sete delas chegaram inteiras até os nossos dias: *Ájax* (468 a.C.?), *As traquínias* (414 a.C.), *Electra* (413 a.C.), *Filoctetes* (409 a.C.) e a *Trilogia tebana* composta de *Antígona* (441 a.C.), *Édipo rei* (430 a.C.) e *Édipo em Colono* (406 a.C.).*

Sófocles

---

* Embora seja uma trilogia, as datas dessas peças não são as mesmas. *Antígona* é de 441 a.C., *Édipo rei* de 430 a.C. e *Édipo em Colono* foi apresentado depois da morte de Sófocles, em 401 a.C.

A *Trilogia tebana: Édipo rei, Édipo em Colono* e *Antígona*

As tragédias que compõem a *Trilogia tebana* são justa e seguramente as mais conhecidas obras de Sófocles.

Segundo Nietzsche, "a mais dolorosa figura do palco grego, o desventurado Édipo, foi concebida por Sófocles como criatura nobre que, apesar de sua sabedoria, está destinada ao erro e à miséria".[5]

Para Freud,

> *Édipo rei* é uma chamada tragédia de destino; o seu efeito trágico se basearia na oposição entre a vontade preponderante dos deuses e a resistência inútil dos homens ameaçados pela desgraça; com a tragédia, o espectador profundamente comovido aprenderia a se submeter à vontade divina e a reconhecer a própria impotência.[6]

Na verdadeira tragédia, reconheceu Hegel, não há o conflito entre o certo e o errado, mas a disputa entre o certo e o certo. Esta constatação se adequa perfeitamente à *Trilogia tebana* de Sófocles. Discutem-se os tabus, proibições primitivas, que, no curso das peças, são violadas, ora conscientemente, ora inconscientemente.

Entre os gregos antigos, era muito conhecida a lenda de Édipo. Filho de Laio, rei de Tebas, e de Jocasta, ele é abandonado quando criança, porque um oráculo vaticina a Laio que aquele filho iria matá-lo. O tema da sucessão do pai pelo filho é arquetípica.

Trata-se de um episódio da trágica história dos Labdácidas. Laio, pai de Édipo, era filho do rei Lábdaco de Tebas. Lábdaco, por sua vez, era neto de Cadmo, que, segundo a lenda, fora o fundador de Tebas.

Quando Lábdaco morreu, Laio ainda era muito jovem e, portanto, a condução do governo de Tebas foi dada a um parente, Lico. Este é assassinado por Zeto e Anfião que, em seguida, usurpam o poder de Tebas. Diante disso, Laio, o herdeiro natural ao trono, teve que fugir e chegou à Élida, onde reinava Pélops. Este, por sua vez, carregava a ira

Édipo de Ingres

dos deuses, não apenas por suas próprias falhas, mas também pelas de seu pai, Tântalo.*

Na corte de Pélops, Laio, esquecendo-se dos deveres de hóspede e cedendo a um impulso homossexual, apaixonou-se por Crísipo, filho de Pelóps. Laio rapta Crísipo, que se suicida. Laio é amaldiçoado por Pélops, que lhe lança a seguinte praga: Laio não deixará descendentes.

Laio volta para Tebas e consegue recuperar o trono. Casa-se com Jocasta. Inicialmente, o casal tem dificuldades para conceber um filho, o que representava um problema político, pois o rei precisa produzir um herdeiro. Consultado o oráculo, este adverte que um filho daquele casamento mataria o pai e desposaria a mãe. Apesar disso, Jocasta dá a Laio um filho homem. Receoso de que se confirme o vaticínio do oráculo, Laio determina que o filho recém-nascido seja abandonado no inóspito monte Citéron. A tarefa é entregue a um pastor, que perfura os pés do pequeno menino e os acorrenta. Contudo, apiedado, decide não abandonar a criança, mas entregá-la a outro pastor, que cuidava do rebanho de Políbio, rei de Corinto. O novo pastor leva o menino ao rei Políbio. Ele e sua mulher, Mérope, que não tinham filhos, decidiram criar a criança como se deles fosse. O menino recebeu o nome de Édipo, ou melhor, *Oidípous*, que significa pés inchados, numa alusão à deformação de seus pés.**

---

* Antes se explicou que Tântalo recebe sua punição porque tentou testar os deuses, dando a eles, sem que soubessem, carne humana para comer, mais especificamente a carne de seu próprio filho, Pélops. Os deuses, claro, ficam irados, mas devolveram a vida a Pélops, criança inocente. Mais tarde, Pélops tenta conquistar a mão de Hipodâmia, filha do rei Enomau. Segundo a lenda, o rei Enomau permitiria que a filha fosse desposada por quem o vencesse numa corrida de bigas. O perdedor da disputa, por sua vez, morreria. Pélops suborna o cocheiro de Enomau, Mirtilo, prometendo que, se este o ajudasse, daria a ele o direito da primeira noite com a princesa Hipodâmia. Mirtilo troca os pinos da biga de Enomau, que, por isso, perde a corrida e morre. Pélops não cumpre a promessa feita a Mirtilo. Ao contrário, mata-o. Pélops vem a ter dois filhos Atreu e Tiestes, que sofrem, juntamente com sua descendência, pelos erros cometidos pelos pais. Isso desencadeia a maldição dos Pelópidas, já mencionada antes ao tratar da *Oresteia*.

** O nome *Oidípous* oferece, também, um duplo sentido. *Oida*, em grego, significa "eu sei". Édipo é "quem sabe", o decifrador de enigmas, como ficou conhecido. *Dípous* também quer dizer "dois pés", o que pode ser aplicado a nós, humanos e bípedes.

Édipo cresce forte e sadio em Corinto, crendo ser filho do rei. um dia, recebe um insulto de um bêbado, que o chama de filho ilegítimo. A informação perturba Édipo que, sozinho, vai até Delfos, consultar o Oráculo de Apolo. O vaticinador nada fala de sua ascendência, mas lhe revela que um dia Édipo mataria seu pai e desposaria a própria mãe. O herói se desespera, e, buscando fugir do destino indicado pelo oráculo, decide afastar-se de Políbio e Mérope e jamais retornar a Corinto. Assustado, pega o caminho oposto, dirigindo-se para Tebas.

Em uma encruzilhada de três caminhos, em Megas, Édipo se depara com um homem mais velho, que, de forma grosseira, determina que o caminho seja liberado para que ele e sua comitiva passem. Um dos criados chega a bater em Édipo. Reagindo ao ataque, Édipo mata o velho senhor e seus criados, com a exceção de um, que consegue escapar. O tal homem morto era Laio, rei de Tebas, que Édipo mata sem saber tratar-se de seu pai. Assim, a primeira parte do vaticínio se concretiza: Édipo, embora sem ciência, torna-se o assassino o próprio pai.

Naquela época, os habitantes de Tebas sofriam com a Esfinge, um monstro, metade mulher, metade leão, que os devorava. A Esfinge, sentada sobre uma rocha, propunha um enigma a quem quer que a encontrasse. Se o opositor falhasse ao responder, a Esfinge o matava: "Decifra-me ou te devoro", desafiava o flagelo.

A Esfinge, para Édipo, propôs o seguinte enigma: qual animal tem, pela manhã, quatro patas, à tarde, duas, e à noite, três. Édipo decifra a charada, ao dizer que tal animal é o homem: engatinha no começo de sua vida, com quatro patas; depois caminha com dois pés; e, no final de sua existência, anda com a ajuda de uma bengala, logo, com três apoios. Ao esclarecer o enigma, Édipo expulsa a Esfinge e liberta Tebas.

Por gratidão, o povo tebano o aclama como novo rei. Mais ainda, Édipo recebe a mão da viúva do antigo soberano, Jocasta. Então, também sem saber, Édipo desposa a própria mãe, e assim se cumpre a segunda parte da predição do Oráculo de Delfos. Freud denunciou que a situação de Édipo nos emociona especialmente porque, segundo o pai da psicanálise, sofremos da mesma maldição: nossos primitivos impulsos de ódio se dirigem contra o pai e os primeiros desejos sexuais miram a mãe. Édipo concretiza esses anseios, tabus sociais tão fortes naqueles tempos como ainda hoje, e Freud vê nessa lenda a manifestação do desejo infantil, chamado por ele de "complexo de Édipo".[7]

Sem ciência da real situação, Édipo governa Tebas pacificamente, por um longo tempo. Nesse período, Édipo e Jocasta têm quatro filhos: Etéocles, Polinices, Ismênia e Antígona. Contudo, irrompe uma peste que leva os tebanos a recorrer ao oráculo para conhecer o motivo da desgraça. Édipo solicita que seu cunhado, Creonte, vá a Delfos, a fim de obter resposta à calamidade. É neste ponto que inicia a trilogia de Sófocles, com a primeira peça *Édipo rei*.

Os labdácidas

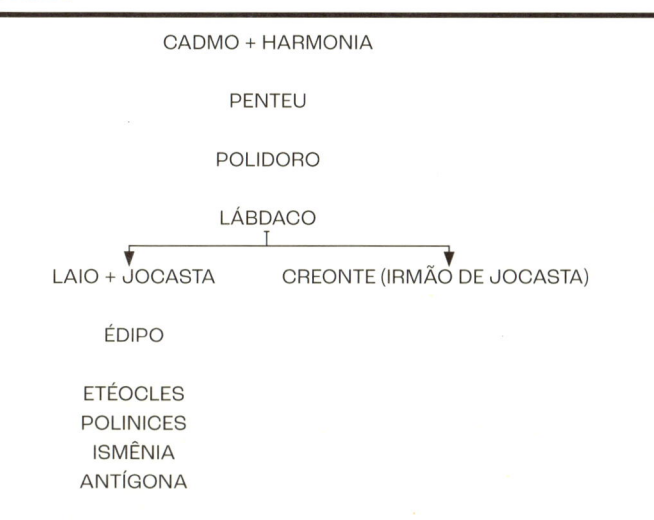

```
                    CADMO + HARMONIA

                         PENTEU

                        POLIDORO

                        LÁBDACO
                           |
        ┌──────────────────┴──────────────────┐
        ▼                                     ▼
  LAIO + JOCASTA              CREONTE (IRMÃO DE JOCASTA)

        ÉDIPO

       ETÉOCLES
       POLINICES
       ISMÊNIA
       ANTÍGONA
```

Édipo rei e o devido processo legal

"Serias justo se provasses minha culpa."
SÓFOCLES, *Édipo rei*

Aristóteles inicia a sua *Metafísica* expondo que todo homem deseja naturalmente o conhecimento. Isso parece óbvio, e essa obviedade gera enormes consequências. O drama de Édipo passa por essa busca e pelo preço pago por tal conhecimento. No principal pórtico do Oráculo de Delfos, havia a inscrição: "Conhece-te a ti mesmo". O autoconhecimento era o caminho da sabedoria. O mito de Édipo, vítima de uma maldição familiar e, também, de suas escolhas, é uma poderosa fábula da aventura humana pelo conhecimento, aí incluído o autoconhecimento.

Representada pela primeira vez em 430 a.C. a peça começa com Édipo demonstrando ao povo sua preocupação com o bem-estar geral, naquele momento ameaçado pela peste:

> (...) Apresso em assegurar-vos
> Que meu intuito é socorrer-vos plenamente;
> Se não me sensibilizassem vossas súplicas
> Eu estaria então imune a qualquer dor.[*]

O sacerdote, preocupado com a "pavorosa peste que dizima a gente", pede ao rei:

> E agora, Édipo, senhor onipotente,
> Viemos todos implorar-te, suplicar-te:
> Busca, descobre, indica-nos a salvação

Édipo, então, relata que enviou seu cunhado Creonte ao Oráculo de Delfos, a fim de saber o motivo pelo qual Tebas recebe a punição

---

[*] Todas as citações dessa peça são da tradução de Mário da Gama Kury (Sófocles, *A trilogia tebana*).

dos deuses e saber "o que me cumpre agora/ fazer para salvar de novo esta cidade".

Creonte retorna de Delfos e revela que ouviu do oráculo que Tebas sofre por uma "execração oculta". Para erradicá-la, deve-se punir o assassino de Laio, o antigo rei de Tebas, pois quem cometeu o mal não recebeu qualquer castigo.

Sófocles, então, é precursor dos romances policiais, pois se instaura o mistério de quem matou Laio. Inicia-se assim a investigação.

Édipo, com as melhores intenções, informa: "tomarei as providências necessárias/ para descobrir o assassino do Labdácida." Ele, então, recorre ao cego Tirésias, conhecido sábio e profeta, a fim de que sua lucidez traga alguma resposta, na medida em que nada se sabe acerca do assassino de Laio.

Édipo suplica a Tirésias que o ajude, pois "a ação mais nobre de um homem é ser útil aos seus semelhantes até o limite máximo de suas forças". Essa belíssima máxima serve de hino e precede as ordens cristãs.

Tirésias, entretanto, recusa-se a falar o que sabe. Com isso, encontra a cólera de Édipo que diz ao velho que o silêncio deve decorrer do fato de o próprio sábio ser o autor do crime contra Laio, de sorte que, como conclui Édipo, Tirésias será punido pela sua recusa em ajudar ou pelo fato de ser considerado o assassino do antigo rei. O velho, de toda forma, resiste:

Sou livre; trago em mim a impávida verdade!

Provocado ao limite, o ancião revela: "és o assassino que procuras!". Édipo, colérico, ameaça Tirésias. Pergunta se ele está tramando algo com Creonte. Tirésias o repreende:

Embora sejas rei, tenho direito, Édipo,
De responder-te, pois me julgo igual a ti.

Tirésias registra que, embora cego, ele vê o que Édipo não consegue enxergar. O sábio, então, explica tudo: Édipo matou Laio, seu pai, e desposou a mãe, Jocasta.

Sem aceitar as palavras de Tirésias, Édipo procura Creonte, seu cunhado, a quem acusa de ter criado a história por cobiça, pois pretende destroná-lo e tomar o poder em Tebas.

Contra a acusação, Creonte responde:

Deixa-me responder, pois sou igual a ti,
e julga livremente após haver-me ouvido.

Édipo admite ouvir Creonte, ressalvando:

Se crês que a ofensa não será punida, iludes-te.

A conversa segue, com Édipo agressivo em relação a Creonte, acusando-o de traidor. Creonte o repreende:

CREONTE Serias justo se provasses minha culpa.
ÉDIPO Comporta-te como se não devesse nunca
Ceder e obedecer ao detentor do mando.
CREONTE A retidão faz falta em tuas decisões.
ÉDIPO Quando se trata de meus interesses, não.
CREONTE O meu também merecia igual cuidado.
(...)
ÉDIPO Mas deves-me da mesma forma obediência!
CREONTE Se mandas mal, não devo.
ÉDIPO Meu povo! Meu povo!
CREONTE Também pertenço ao povo, que não é só teu!

Claramente, Édipo, acuado, busca valer-se de seu poder (afinal, uma possível tradução da peça é Édipo tirano!) e tenta confundir-se com o Estado, no que é repreendido por Creonte.

Na sequência, o corifeu pondera com Édipo, a fim de que a acusação contra Creonte não vá adiante:

Não deves acolher jamais
Rumores vagos, não provados,
Para fazer acusações

Contudo, nada acalma Édipo, que não aceita a revelação de Tirésias e crê que tudo não passa de um golpe arquitetado por Creonte. Este deixa a cidade, não sem antes dizer ao seu cunhado que:

(...) quando essa cólera passar,
Temperamentos como o teu
Atraem sempre sofrimentos.

O corifeu explica o ocorrido a Jocasta, ressalvando que "a injustiça, bem sabes, ofende".

Em conversa sobre o ocorrido, Jocasta e Édipo falam do local da encruzilhada onde morreu Laio, da época em que se passou o incidente, da semelhança física do rei morto com Édipo.

Édipo tenta encontrar o criado, único sobrevivente da comitiva de Laio, a fim de esclarecer os fatos. Na época, ele havia dito que a comitiva fora atacada por um bando e não por um só homem. Enquanto buscavam o tal lacaio, chega um mensageiro de Corinto com a informação de que Políbio acabara de morrer, de morte natural — "os males mais ligeiros matam gente idosa", registra o mensageiro, dizendo ainda a Édipo que "não é de Políbio o teu sangue!". Esclarece-se a origem de Édipo, marcada, inclusive, pelo seu nome, menção aos pés trespassados.

Certo de que Políbio, de fato, não era seu pai, até porque ele estava destinado a assassinar seu verdadeiro progenitor, Édipo decide ir atrás de sua origem. Jocasta ainda tenta, em vão, persuadi-lo de desistir da busca:

Ah! Infeliz! Nunca, jamais saiba quem és!

Édipo, contudo, está obstinado e procura o pastor que, há muito tempo, recebeu a criança da própria Jocasta. O pastor revela que ouviu de Jocasta a ordem: "Mandou-me exterminar a tenra criancinha."

Édipo custa a crer:

Sendo ela a própria mãe? Não te parece incrível?

O pastor explica que a mãe tinha receio da premonição do oráculo, segundo a qual a criança viria a matar o próprio pai. As peças, então, se juntam e Édipo toma ciência de sua desditosa história: parricida e amante da própria mãe. Desesperado, o grande decifrador de enigmas não conseguiu compreender a sua própria questão. A situação remete ao conhecido frontispício do templo do Oráculo de Delfos, o mesmo suscitado tantas vezes por Édipo, em que se registra a máxima: "Conhece-te a ti mesmo."

Um criado narra que Jocasta, ao se inteirar dos fatos, sofreu um acesso de histeria e suicidou-se, por enforcamento. Édipo, ao ver o corpo de sua mãe e mulher, "tirou das roupas dela uns broches de ouro que as adornavam, segurou-os firmemente e sem vacilação furou os próprios olhos, gritando que eles não seriam testemunhas nem de seus infortúnios nem de seus pecados". Ele se pune corajosamente, aplicando a sanção a si próprio. Édipo fica sabendo que Creonte o sucedeu no poder de Tebas. "Que poderia eu dizer-lhe ou esperar dele? — registra Édipo. Antes fui por demais injusto com Creonte."

Creonte procura Édipo, suplica que seja imposta a este a pena de morte e que seja imediatamente expulso da pólis. Creonte, contudo, diz que caberá aos deuses indicar o destino do antigo rei, que deve ir ao palácio, para ouvir a determinação divina.

Édipo diz a Creonte que seus filhos homens já são grandes e saberão tomar conta de si, mas teme pelas meninas, Antígona e Ismênia, ainda crianças e frágeis. Estas são trazidas para perto do pai cego, que se emociona.

Desejando levar Édipo ao palácio, Creonte determina que Édipo libere as crianças:

CREONTE Vamos depressa! Libera as crianças.
ÉDIPO Não as tire de mim, por favor!
CREONTE Não pretendas mandar.
Teu poder de outro tempo agora deixou de existir.
Édipo é conduzido por Creonte ao palácio.

Cabe ao corifeu encerrar a peça:

Vede bem, habitantes de Tebas, meus concidadãos!
Este é Édipo, famoso decifrador de enigmas;
Ele foi um senhor poderoso e por certo o invejastes
Em seus dias passados de prosperidade invulgar.
Em que abismos de imensa desdita ele agora caiu!
Sendo assim, até o dia fatal de cerrarmos os olhos
Não devemos dizer que um mortal foi feliz de verdade
Antes de ele cruzar as fronteiras da vida inconstante
Sem jamais ter provado o sabor de qualquer sofrimento!

Édipo, no início da peça, era o poderoso rei. Ao final, cego e banido, não é a sombra do homem que foi.* O poder se vai quando surge a verdade.

Em *Édipo*, a verdade, incialmente, é dita pelos deuses, mas é apenas confirmada ao final, com o testemunho de homens do povo — o humilde escravo de Políbio e o pastor da floresta do Citéron —,

---

* Um tema recorrente nas peças gregas era o de que o destino pode mudar a qualquer momento. Eis a primeira frase de *As traquínias* de Sófocles: "Reza o bordão antigo: até que/ — o tempo do viver — termine,/ não sabemos se foi boa ou má a sina."
Winston Churchill escreveu, em 1935, o seguinte sobre Hitler:

Não é possível fazer julgamento justo de uma figura pública que tenha atingido a enorme dimensão de Hitler até que o resultado do trabalho de toda a sua vida tenha desfilado diante de nós. Embora nenhuma ação política subsequente possa desculpar ações condenáveis, a História está repleta de exemplos de homens que chegaram ao poder empregando métodos duros, severos e até assustadores, mas, quando examinada sua vida toda, foram avaliados como grandes vultos, cujas vidas enriqueceram a História da humanidade. Pois que, assim seja com Hitler.
Esta visão final não temos hoje [1935]. Não podemos saber se Hitler será o homem que, uma vez mais, soltará sobre o mundo outra guerra na qual a civilização sucumbirá inevitavelmente, ou entrará para a História como o homem que restaurou a honra e a paz de espírito da grande nação germânica, trazendo-a de volta, serena, prestativa e forte, para a vanguarda do círculo familiar europeu. É sobre esse mistério do futuro que a História se pronunciará. Baste com dizer que ambas as possibilidades estão abertas no presente momento. Se, devido ao fato de a História estar incompleta, porque na verdade falta escrever seus capítulos decisivos, nos vemos forçados a tratar do lado mais sombrio de sua obra e seu credo, nunca devemos esquecer a alternativa favorável, nem deixar de ansiar por ela. (Winston Churchill, *Grandes homens do meu tempo*, p. 272).

que revelam os fatos. Dos deuses aos homens comuns: a verdade é a mesma.

O crítico Bernard Knox, em lúcida análise, aponta:

(...) o Oedipus tyrannus de Sófocles combina dois temas aparentemente irreconciliáveis, a grandeza dos deuses e a grandeza do ser humano, e a combinação desses temas é inevitavelmente trágica, pois a grandeza dos deuses é demonstrada de forma mais explícita e poderosa pela derrota do homem.[8]

Visto por outro ângulo, "a tragédia de Édipo é fundamentalmente o primeiro testemunho das práticas judiciárias gregas".[9] Nela, indica-se a forma de apurar os fatos para chegar ao veredicto.

Édipo em Colono e o direito de defesa

"Apenas quando deixo de ser, começa meu valor como ser humano?"
SÓFOCLES, *Édipo em Colono*

Édipo em colono é a peça mais longa do teatro grego clássico que se conhece. Ela foi representada pela primeira vez em 401 a.C., poucos anos depois da morte de Sófocles. Trata-se, para usar a expressão do tradutor Trajano Vieira, do réquiem de Sófocles.[10]

Na *Trilogia tebana*, a primeira peça a ser escrita foi *Antígona*, talvez em 441 a.C., exatamente a obra que termina a trilogia do ponto de vista da ordem cronológica dos acontecimentos narrados. Em seguida, por volta de 429 a.C., Sófocles escreveu *Édipo rei*, que inicia a história. A última peça, *Édipo em Colono*, exatamente a do meio, foi composta no final da vida do dramaturgo, em 406 a.C.

Mais de vinte anos separam *Édipo rei* e *Édipo em Colono*, período difícil para a história de Atenas. Afinal, em 431 a.C. inicia-se a Guerra do Peloponeso entre Atenas e Esparta. Em 404 a.C., termina o confronto, com a vitória dos espartanos, marcando definitivamente o declínio da antes próspera Atenas.

Édipo em Colono tem um enredo peculiar. Isso porque Sófocles, no final de sua vida, envolveu-se com uma cortesã e, embora fosse casado, teve um filho ilegítimo. O filho do primeiro casamento de Sófocles, Iofonte, com medo de perder a sua herança para o ilegítimo, ajuizou uma ação contra o pai, a fim de interditá-lo por senilidade. Sófocles, para demonstrar aos juízes a sua plena capacidade, leu trechos de *Édipo em Colono*, que, na época, ele escrevia. Evidentemente, diante disso, reconheceu-se a plena capacidade mental do dramaturgo, que ganhou a causa.

A peça começa com Édipo, cego, cruzando um bosque, guiado por sua filha Antígona. Colono, aliás, era o local — nas cercanias de Atenas — onde nascera Sófocles. É para Colono que a amorosa Antígona leva seu desafortunado pai.

No bosque, surge um estrangeiro, a quem Édipo questiona:

ÉDIPO Há, então, habitantes nesta região?
ESTRANGEIRO Há, certamente, e devem o seu nome ao deus.

Édipo em Colono

ÉDIPO Alguém os rege ou a palavra está com o povo?
ESTRANGEIRO Seu governante é o rei, que vive na cidade.
ÉDIPO Quem é o dono da palavra e do poder?
ESTRANGEIRO Teseu é o rei, e seu pai foi o antigo Egeu.

O coro, que nesta peça simboliza o povo, cidadãos de Colono, ao saber que ele é o filho de Laio, desgraçado labdácida, ordena: "Tens de partir! Saia já deste lugar!"

Surge o corifeu, que, embora confessando sentir pena do destino de Antígona e de seu pai, diz que não poderia admitir que Édipo ficasse na cidade, pois, afinal, "tememos os deuses".

Diante disso, Édipo redargui:

Que bem, então, resulta da reputação
E da glória, se tudo termina em vãs palavras?

Disseram-nos que Atenas era uma cidade
Temente aos deuses mais que todas, a única
Pronta a salvar um forasteiro ameaçado,
A única também capaz de protegê-lo.
Onde estará agora esta disposição?

Édipo segue pedindo asilo e comove o corifeu:

Teus argumentos, ancião, persuadiram-me;
Apresentaste-os com palavras ponderadas.
É bom que nossos chefes julguem esta causa.

Antes, contudo, que Teseu, o rei de Atenas, se inteirasse da situação, Ismênia, a outra filha de Édipo, vem ao encontro do pai e informa que o Oráculo de Delfos disse que a terra onde Édipo tivesse seu descanso final seria abençoada. Em função disso, como esclarece Ismênia, Creonte pretende buscar Édipo, a fim de que ele morra em Tebas.

Em seguida, Édipo é inquirido pelo coro:

CORO Que dizes, infeliz? Foste de fato...
ÉDIPO Que me perguntas? Que tentas saber?
CORO ... o causador da morte de teu pai?
(...)
Mataste!
ÉDIPO Sim, matei; tenho entretanto...
CORO O quê?
ÉDIPO ... algo para justificar-me.
CORO Mas, como?
ÉDIPO Digo-te; quando o matei
agia sem saber.
Sou inocente diante da lei,
Pois fiz tudo sem premeditação.

Édipo apresenta o conceito jurídico de dolo. Por desconhecer o fato de que investira contra o seu próprio pai, não havia vontade direcionada a matar o progenitor.

Édipo em Colono 2

Nessa hora, entra Teseu, o rei de Atenas. Enquanto Édipo explica sua situação, o monarca intervém:

Fala. Nada direi sem ser informado.

Avultam os aspectos jurídicos nessa passagem. Teseu, o soberano de Atenas, deixa claro que não punirá ninguém sem antes compreender adequadamente a situação, inclusive garantindo o direito de ampla defesa do acusado. Depois, Édipo suscita o conceito de que não pode haver responsabilidade sem culpa, argumentando o desconhecimento de que Laio era seu pai quando o matou, como, da mesma forma, não tinha ciência de que Jocasta era sua mãe ao desposá-la.

Ao ouvir o relato, Teseu se apieda de Édipo e promete protegê-lo.

Logo depois, Creonte chega a Atenas, com o propósito de levar Édipo, que se recusa a acompanhá-lo. Édipo, evidentemente, guarda profundo rancor de Creonte e de Tebas, pois fora expulso da cidade sem compaixão e sem chance de se defender. Fica clara a distinção das ordens jurídicas existentes em Tebas e em Atenas, sendo que, nesta última, vela-se pela proteção do cidadão, o que não ocorre em Tebas.

Sófocles escreve *Édipo em Colono* num momento sensível da história de Atenas. A peça, portanto, busca, de alguma forma, realçar as qualidades excepcionais daquela cidade, notadamente o seu sistema democrático e de respeito ao indivíduo. Tebas, por outro lado, era uma cidade ligada a Esparta, rival dos atenienses.

Em retaliação, Creonte, informando que já levara Ismênia com ele, tenta carregar Antígona também com seus guardas. O corifeu de Atenas procura demovê-lo:

CORIFEU Não podes, estrangeiro!
CREONTE Tenho direito!
CORIFEU Que direito dizes ter?
CREONTE (segurando Antígona) Levo comigo pessoas que me pertencem! (...)
CORIFEU Afasta as mãos desta menina!
CREONTE Não me dês ordens, pois não és meu senhor!

A discussão segue, até que chegam Teseu e seu séquito. Inteirando-se do que ocorre, o rei de Atenas se dirige a Creonte:

Não terás permissão para sair daqui antes de trazer-me de volta essas meninas, antes de tê-las posto sob as minhas vistas. Agiste de maneira indigna em relação à tua pátria, a mim e aos teus antepassados. Entras num território submisso à justiça, onde nada se faz contrariando a lei, e menosprezas os seus chefes e te atreves a tirar dele à força aquilo que te apraz.

Teseu expõe de forma clara: em Atenas, vige o Estado de Direito. Não são bárbaros, mas um povo civilizado. Teseu continua:

Ages como se achasses que minha cidade fosse deserta de homens ou fosse habitada apenas por escravos, e eu nada valesse. Tebas não te criou para fazer o mal, pois não costuma preparar seus cidadãos para serem vilões. Sem dúvida, Creonte, ela não te elogiaria se soubesse que roubas os meus bens e até os bens dos deuses, tentando retirar daqui violentamente esses seus suplicantes tão desventurados.
Eu, ao contrário, não me atreveria nunca a penetrar em tua terra, embora tendo razões melhores, sem obter a permissão dos detentores do poder quaisquer que fossem; não ousaria arrebatar ninguém de lá e saberia como deve comportar-se um estrangeiro em relação aos cidadãos.
Tu, entretanto, desonras a tua cidade, que não merece essa desconsideração; os anos que viveste fizeram de ti ao mesmo tempo um ancião e um insensato. Disse e repito: traze-me as meninas já! Se não me obedeceres, passarás a ser um habitante da cidade a contragosto e não por tua escolha e decisão.

Creonte responde:

Não quis dizer, filho de Egeu, que faltam homens aqui, nem procedi imponderadamente como disseste; agi por não ter percebido que alguns dos habitantes da cidade iriam interessar-se tanto por pa-

rentes meus a ponto de contra a minha própria vontade quererem protegê-los. Nunca imaginei que Atenas iria escolher um parricida com sua mácula, um homem cujo casamento se revelou incestuoso. Mais ainda: soube que o sábio Conselho, com assento no topo da colina de Ares, proibiu a estada de andarilhos desse tipo aqui.
Por haver confiado em tais informações, tentei apoderar-me agora desta presa. Nem assim teria feito a tentativa, se ele não tivesse lançado imprecações amargas contra mim e toda a minha raça. Diante desse tratamento insultuoso, considerei-me no dever de revidar. A cólera não envelhece e só a morte a doma; apenas os defuntos não a sentem. Procede, então, como te parecer melhor; digo que embora minha causa seja justa, o fato de estar longe de minha cidade deixa-me fraco; mas, apesar da velhice, reagirei a quaisquer atos contra mim.

Teseu consegue afastar a intenção de Creonte e protege Édipo. Mas faz isso com apoio na lei. Ao dizer: "Entras num território submisso à justiça, onde nada se faz contrariando a lei", Teseu explica o que é o Estado de Direito. Nele, as regras não são estabelecidas de acordo com as conveniências ou para atender aos caprichos do soberano. No Estado de Direito, as regras jurídicas são públicas, impessoais e todos, sem exceção, devem a elas se submeter.

Logo, é Polinices, filho de Édipo, quem procura o pai. Ele narra: "Fui banido de minha terra e me exilei por ter querido, como filho primogênito, subir ao trono e reinar soberanamente." Polinices explica que seu irmão mais novo, Etéocles, querendo o poder para si, o expulsou. Polinices, então, procurou aliados e juntou sete exércitos, que lutarão contra Tebas. Consultado o oráculo, ele disse que o vencedor será aquele que contar com o apoio de Édipo. Polinices, por isso, pede a ajuda do cego pai.

Édipo responde ao filho:

Perverso, que quando tiveste o cetro e o trono
Usufruídos hoje por teu próprio irmão
Em Tebas, expulsaste, tu mesmo, teu pai
E o transformaste simplesmente num apátrida.

Esclarece-se que, quando Édipo descobriu sua desgraça, seguiu por um tempo vivendo em Tebas, mas acabou expulso da cidade por seus filhos, que disputavam o poder. Édipo segue amaldiçoando seu filho que tenta invadir Tebas:

Ouve bem: jamais poderás conquistá-la;
Antes terás uma morte de sangue
e teu irmão cairá contigo.

Resta claro que um dos temas centrais da Trilogia tebana consiste no conflito das relações entre pais e filhos, ainda que por enfoques distintos. Vemos, em *Antígona*, o drama criado entre Creonte e seu único filho Hêmon, apaixonado por sua prima, Antígona.

Antígona tenta persuadir Polinices a abortar a investida contra Tebas, fadada ao fracasso. Ela, entretanto, decide seguir adiante:

Não vou ser mensageiro de notícias más,
Pois um bom comandante divulga somente
Os fatos favoráveis e cala os funestos.

Polinices, de toda sorte, pede às suas irmãs:

Em nome de todos os deuses vos suplico:
Se um dia sua maldição se consumar
E se tiverdes meios de voltar a Tebas,
dai-me uma sepultura e oferendas fúnebres!

E segue para seu destino, juntando-se aos exércitos que marcham contra Tebas.

Édipo pressente sua morte e deixa Atenas para sumir, misteriosamente, nas entranhas da terra.

Antígona e Ismênia, embora tristes com o passamento do pai, correm em direção a Tebas "para que, se for possível, consigamos ambas deter a marcha da carnificina funesta para os nossos dois irmãos".

A peça encerra-se, com a seguinte fala do corifeu:

Agora basta; não há mais motivos
Para insistir nessas lamentações.
Tudo está decidido para sempre.

Édipo em Colono não termina de forma trágica, mas com a reconciliação de Édipo com os deuses. Afinal, Édipo errou sem saber. Apesar disso, assumiu a culpa, cegou-se. Foi um severo juiz de si próprio, aplicando-se uma dura pena. Após expiar, recebeu a misericórdia divina.

Quanto à justiça dos homens, Teseu, líder de Atenas, deixa claro que não há julgamento sem oportunidade de defesa.

Antígona — existe algo acima do direito dos homens?

"Há muitas maravilhas, mas nenhuma é tão maravilhosa quanto o homem", registra o coro, em *Antígona*.*

Essa peça foi representada, pela primeira vez, possivelmente em 441 a.C.** Apesar de ter sido a primeira peça a ser escrita, ela fecha a *Trilogia tebana*.

Para Tullio Ascarelli, titular da universidade de Roma, *Antígona* de Sófocles é possivelmente a mais perfeita obra de teatro.[11]

Antígona 1

Comumente, *Antígona* é associada à luta do homem contra a tirania. O teor político

---

* A referência faz eco em *Hamlet*: "Que obra-prima, o homem! Quão nobre pela razão! Quão infinito pelas faculdades! Como é significativo e admirável na forma e nos movimentos! Nos atos quão semelhante aos anjos! Na apreensão, como se aproxima dos deuses, adorno do mundo, modelo das criaturas!" (*Hamlet*, Ato II, Cena 2).

** Embora Sófocles tenha ganho, segundo os registros, 18 vezes o primeiro prêmio nas Grandes Dionisíacas, no ano em que *Antígona* concorreu, o maior prêmio ficou com Eurípedes, numa peça hoje perdida. Trata-se de um excelente alento para quem não consegue conquistar algum objetivo. Os jurados das Grandes Dionisíacas jamais poderiam imaginar a força que *Antígona* atingiria nos séculos seguintes.

da trama permite analogias com diversos momentos da história. Bertold Brecht, por exemplo, tratava dessa "espantosamente imensa" analogia com o regime nazista.[12] Uma fantástica demonstração da atualidade e força dessa peça encontra-se na própria história recente da Grécia: em 1967, com a instauração, naquele país, da *ditadura dos coronéis*, a apresentação de *Antígona* de Sófocles foi proibida.[13] Passados 2.500 anos da sua criação, *Antígona* ainda desafia a tirania.*

É notável que Sófocles tenha colocado a voz da consciência humana numa personagem feminina. Para o dramaturgo, essa mulher representa a humanidade.

Após a morte de Édipo, suas filhas Antígona e Ismênia correm para Tebas a fim de evitar o confronto entre seus irmãos, Etéocles e Polinices. Ambos disputavam o trono, quando acordaram que os dois se revezariam no poder, cabendo a cada um reinar por um ano, começando por Etéocles. Contudo, Etéocles, ao cabo de um ano, não cumpre o acordado e recusa-se a ceder seu lugar ao irmão.

Polinices deixa Tebas e segue para Argos, cidade rival. Lá, casa-se com a filha do rei e convence seu sogro a lutar contra Tebas, a fim de recobrar seus direitos de soberano. Arma-se um exército para invadir Tebas.

Etéocles se prepara para a investida. A luta é dura. Consegue-se repelir a invasão argiva, mas ao custo de muitas vidas. A rigor, não há vencedores. Os generais se matam, Etéocles e Polinices morrem, um pela mão do outro, cumprindo-se a maldição familiar.

Creonte, irmão de Jocasta e tio dos falecidos Etéocles e Polinices, assume novamente o poder. A sua primeira providência consiste em proibir o sepultamento de Polinices, pois este havia investido contra a cidade. A pena, para aqueles que violassem o édito, seria a morte. Ao mesmo tempo, concedeu funerais de herói para Etéocles, porque morreu protegendo Tebas.

A peça se inicia ao nascer do dia seguinte da batalha de Tebas contra Polinices e os argivos, na qual se conseguiu repelir a invasão.

---

* No Brasil, no período da ditadura militar, o dramaturgo foi procurado pela polícia política.

As duas irmãs, Antígona e Ismênia conversam sobre a ordem que Creonte acabou de editar:

ANTÍGONA Pois não ditou Creonte que se desse a honra da sepultura a um de nossos dois irmãos enquanto a nega ao outro? Dizem que mandou proporcionar justos funerais a Etéocles, com a intenção de assegurar-lhe no além-túmulo a reverência da legião dos mortos. Dizem, também, que proclamou a todos os tebanos a interdição de sepultarem ou sequer chorarem o desventurado Polinices: sem uma lágrima, o cadáver insepulto irá deliciar as aves carniceiras que hão de banquetear-se no feliz achado. Esse é o decreto imposto pelo bom Creonte a mim e a ti (melhor dizendo: a mim somente); a fim de alardear o édito claramente a quem ainda o desconhece. Ele não dá pouca importância ao caso: impõe aos transgressores a pena de apedrejamento até a morte perante o povo todo. Agora sabes disso e muito breve irás tu mesma demonstrar se és bem-nascida ou filha indigna de pais nobres.*

Diante disso, Antígona quer convencer Ismênia a ajudá-la a enterrar Polinices, mesmo contra a ordem do novo rei:

ANTÍGONA Ajudarás as minhas mãos a erguer o morto?
ISMÊNIA Vais enterrá-lo contra a interdição geral?
ANTÍGONA Ainda que não queiras, ele é teu irmão e meu; e quanto a mim, jamais o trairei.

Antígona decide levar adiante o enterro do irmão:

Não mais te exortarei e, mesmo que depois quisesses me ajudar, não me satisfarias. Procede como te aprouver. De qualquer modo, hei de enterrá-lo e será belo para mim morrer cumprindo esse dever: repousarei ao lado dele, amada por quem tanto amei e santo é o meu

---

* A maior parte das traduções para o português parte da versão de Mário da Gama Kury (Sófocles, *A trilogia tebana*). Por vezes, usa-se a versão de Guilherme de Almeida (T. Vieira e G. de Almeida, *Três tragédias gregas*).

delito, pois terei de amar aos mortos muito, muito tempo mais que os vivos. Jazerei eternamente sob a terra e tu, se queres, foge à lei mais cara aos deuses.

Antígona desenterrando o irmão

Antígona coloca em oposição a lei do homem, a regra de Creonte, que proíbe o sepultamento de Polinices, e a lei divina, pois é um direito do homem receber sepultamento. Suscita, assim, a denominada doutrina do Direito natural.* "Ela distingue, ao lado do direito real, isto é, do direito positivo, posto pelos homens e, portanto, mutável, um direito ideal, natural, imutável, que identifica com a justiça."[14] A doutrina é resumida por Angel Latorre: "O jusnaturalismo. Com esta palavra designa-se um conjunto de doutrinas muito variadas, mas que têm como denominador comum a crença de que o direito 'positivo' deve ser objeto duma valoração como referência a um sistema de normas ou princípios, que se denomina precisamente 'direito natural'."[15]

A discussão entre o Direito positivo e o Direito natural é uma das principais tensões legais encontradas na peça. O que deve prevalecer: a lei imposta por Creonte, o legítimo governante que proíbe sepultar

---

* "Los primeiros a plantear y discutir el problema del Derecho natural fueron los pensadores griegos" (E. Bodenheimer, *Teoría del Derecho*, p. 128).

Polinices, ou a regra moral de que as pessoas merecem ser sepultadas, defendida por Antígona?

Questiona-se, a partir daí, a necessidade de as normas guardarem um senso de justiça, o que leva, necessariamente, a uma apreciação do conteúdo das regras.[16]

Antígona, "a eterna heroína da lei natural",[17] ponderou entre a lei humana e a lei natural e divina, não escrita e imutável e acabou preferindo seguir a lei natural, pois, segundo ela, essas normas não nasciam do capricho de ontem ou de hoje, mas vivem sempre. Vale registrar que o fundamento filosófico dos direitos fundamentais do homem encontra sustentação exatamente nesse mesmo Direito natural suscitado por Antígona.

O tema era relevante na Atenas do século V a.C. De um lado, os sofistas defendiam a inexistência dessas regras eternas, afirmando que a força das normas deriva do poder do qual elas emanam. Para eles, a pólis tinha o poder de editar regras, residindo nisso a justificativa de sua força. De outro lado, havia os filósofos que acreditavam haver uma lei superior, de origem divina. Sófocles trata dessa divergência.*

O Estado provê ao cidadão de uma série de regras. Essas regras, grita Antígona, devem estar em consonância com valores superiores de justiça, de correção, correspondentes à consciência comum do que é bom. Segundo Latorre, "as raízes das várias doutrinas do direito natural encontram-se na Grécia".[18] Paulo Dourado de Gusmão reconhece que "o direito natural é o que independe da vontade, que atende a exigências naturais do homem, como igualdade e liberdade, culturalmente criação da literatura grega (*Antígona*, de Sófocles)".[19]

---

* José de Oliveira Ascensão examina o tema: "Em trecho de Sófocles, merecidamente célebre, ouvimos Antígona responder a Creonte, que a increpava por ter transgredido o seu decreto, que seguira as leis não escritas dos deuses, que mereciam maior observância" (J.O. Ascensão, *O Direito*, p. 172). Miguel Reale salienta o mesmo ponto: "Na Hélade encontramos, entre os pré-socráticos, uma distinção fundamental, que é também um dos motivos de *Antígona* de Sófocles, cuja atualidade é um conforto para os que cultivam os valores espirituais: a distinção entre o justo por natureza e o justo por convenção, ou, por outras palavras, entre lei natural e lei positiva" (M. Reale, *Filosofia do Direito*, p. 622).

Antígona e Ismênia saem de cena. Entra o coro e Creonte se dirige a ele:

CREONTE Senhores: eis de novo salva e aprumada a nau de nossa terra pelas divindades, após a dura tormenta que a sacudiu. Apenas vós fostes chamados entre o povo por emissários meus mandados de propósito, primeiro porque sei que fostes bons, fiéis e obedientes ao poder real de Laio; depois porque quando Édipo era rei aqui, e após sua morte, a vossa lealdade inabalável ainda sustentou seus filhos. Agora, todavia, que eles sucumbiram em dupla morte, golpeando e golpeados com suas próprias mãos impuras, em razão do parentesco próximo entre mim e os mortos, hoje detenho o trono e suas regalias. Não é possível conhecer perfeitamente um homem e o que vai no fundo de sua alma, seus sentimentos e seus pensamentos, antes de o vermos no exercício do poder, senhor das leis. Se alguém, sendo o supremo guia do Estado, não se inclina pelas decisões melhores e, ao contrário, por algum receio mantém cerrados os seus lábios, considero-o e sempre o considerarei a mais ignóbil das criaturas; e se qualquer um tiver mais consideração por um de seus amigos do que pela pátria, esse homem eu desprezarei.
Pois eu — e seja testemunha o grande Zeus onividente — não me calaria vendo em vez da segurança a ruína dominar o povo, e nunca trataria os inimigos de minha terra como se fossem meus amigos.

Apesar da manifestação de Creonte, um guarda informa o que ocorreu com o corpo de Polinices:

O morto... alguém há pouco
O sepultou e foi-se embora; apenas pôs
Alguma terra seca recobrindo as carnes
E praticou deveres outros de piedade.

Creonte fica irado ao ver sua autoridade desrespeitada. Determina que o guarda encontre o culpado pela violação, sob pena de o próprio guarda responder pelo ato, pois suspeita que o mesmo tenha sido subornado para tal:

CREONTE *Se não conseguirdes descobrir aquele que enterrou o morto, e conduzi-lo aqui, não vos bastará morrer: mas, enforcados vivos, haverei de confessar a afronta; e assim sabereis, e de uma vez por todas, onde procurar dinheiro no futuro; e que não podeis de tudo tirar o lucro, pois o ganho ilícito a quem quer que seja leva mais à ruína que à prosperidade.*

O guarda volta, depois, trazendo Antígona. Ele narra que ela foi vista enterrando Polinices. Indagada acerca da autoria do ato, ela assume:

Fui eu a autora; digo e nunca negaria.

Creonte, então, dirige-se a Antígona:

Agora, dize rápida e concisamente: sabias que um édito proibia aquilo?
ANTÍGONA Sabia. Como poderia ignorar? Era notório.
CREONTE E te atreveste a desobedecer às leis?
ANTÍGONA Mas Zeus não foi o arauto delas para mim nem essas leis são as ditadas entre os homens pela Justiça, companheira de morada dos deuses infernais; e não me pareceu que tuas determinações tivessem força para impor aos mortais até a obrigação de transgredir normas divinas, não escritas, inevitáveis; não é de hoje, não é de ontem, é desde os tempos mais remotos que elas vigem, sem que ninguém possa dizer quando surgiram. E não seria por temer homem algum, nem o mais arrogante, que me arriscaria a ser punida pelos deuses por violá-las.

Antígona termina sua peroração dizendo: "mais louco, porém, é quem me julga louco."
E segue o diálogo entre Creonte e Antígona:

ANTÍGONA A morte nos impõe as suas próprias leis.*
CREONTE Mas o homem bom não quer ser igualado ao mau.

---

* Na tradução de Guilherme de Almeida, o mesmo trecho é: "A lei da morte iguala a todos."

> ANTÍGONA *Quem sabe se isso é consagrado no outro mundo?*
> CREONTE *Nem morto um inimigo passa a ser amigo.*
> ANTÍGONA *Nasci para compartilhar amor, não ódio.*
> CREONTE *Se tens de amar, então vai para o outro mundo, ama-os de lá. Não me governará jamais mulher alguma enquanto eu conservar a vida!*

Creonte determina que Antígona seja detida, a fim de enfrentar a pena de morte.

Na peça, há uma trama paralela, que se desenvolve entre Creonte e Hêmon, seu filho, noivo prometido de Antígona. Ciente da ordem de seu pai contra a noiva amada, Hêmon vem ter com o pai, que inicia a conversa com uma explicação dos deveres de se respeitar o governador. Diz ele ao filho:

> *O homem que governa bem a sua casa há de governar com justiça a cidade. Mas quem, por orgulho, menospreza as leis e pretende opor-se a quem tem o poder, esse não terá jamais o meu favor. Ao governador é devida obediência na pequena ou grande coisa, justa ou não. O homem que obedece, esse, eu tenho certeza, saberá mandar, pois sabe ser mandado, e, na confusão da peleja, estará firme em seu lugar, soldado bravo e leal. A anarquia é o pior de todos os flagelos: é ela que destrói cidades, que subverte lares, que em batalha rompe, põe em fuga, desbarata tropas; enquanto onde há ordem salva-se por certo a maior parte das vidas. Eis por que é um dever respeitar sempre as leis, e não se deixar dominar por mulheres.**

Ao discurso, evidentemente, conservador e machista, Hêmon:

> HÊMON *Pai, os deuses deram a razão ao homem como o maior bem dentre quantos existem. Ora, não direi, nem saberei dizê-lo, que, falando assim, falaste certo, ou não. É que outros também poderão estar certos. Tenho, em teu lugar, sabido o que se diz, tudo o que se faz, tudo o que se critica. Tu, presente, o povo simples se*

---

* Tradução de Guilherme de Almeida.

intimida; nem te agradaria ouvir o que murmura. Mas eu, só, na sombra, escuto e vejo o quanto chora esta cidade a sorte dessa jovem, inocente e nobre mais do que qualquer outra, condenada à mais ignominiosa morte por haver cumprido a ação meritória: a de não deixar que o irmão, morto na luta, insepulto, fosse entregue aos cães e às aves. 'Não mereceria uma coroa de ouro?' — é o que a meia voz toda gente pergunta. Nada é, para mim, mais que o teu bem, meu pai. Que outro anseio, para um filho, pode haver que não seja o bem-estar do próprio pai? Como, para um pai, o do seu próprio filho? Não te obstines, pois, nesta única atitude: que tu falas certo, e certo é só o que dizes. O que pensa ser o único a ter razão, ter na alma e na língua o que ninguém mais tem, esse, posto às claras, tem no fundo o vácuo. Para um homem, seja um sábio, não é nódoa sempre aprender mais, ou mudar de opinião. A árvore, que verga e que entrega à corrente a ramagem, salva-se: e no entanto aquela que resiste acaba sendo desraigada. E também o nauta que, com punho de aço, mantém firme a escota* e não a afrouxa nunca, emborcando a nau, navega a quilha no ar. Muda de opinião, abranda a tua cólera. Moço como sou, dir-te-ia, se me ouvisses, que o homem superior é o que nasceu sabendo, sem ter que aprender com mais ninguém mais nada. Já que isso nem sempre acontece, é prudente consultar também o bom senso dos outros.
CORO Rei, se ele está certo e tem razão, convém que o ouças, e ele a ti: ambos falaram bem.
CREONTE Somos nós, então, que, na idade em que estamos, temos que aprender com gente dessa idade?
HÊMON O que é justo, sim. Se sou moço, o que vale são meus atos: não o tempo que vivi.

O debate segue:

CREONTE Devo mandar em Tebas com a vontade alheia?
HÊMON Não há cidade que pertença a um homem só.
CREONTE Não devem as cidades ser de quem as rege?

---

* O cabo que segura a vela de uma embarcação.

HÊMON Só, mandaria bem apenas num deserto.
CREONTE (Dirigindo-se ao coro) Ele parece um aliado da mulher!
HÊMON Se és mulher, pois meus cuidados são contigo.
CREONTE Discutes com teu pai, pior das criaturas?
HÊMON Porque agindo assim ofendes a justiça.
CREONTE Ofendo-o por impor respeito ao meu poder?
HÊMON Tu mesmo o desrespeitas ultrajando os deuses.*

Nada, entretanto, sensibiliza Creonte, que manda Antígona ser enterrada viva numa caverna rochosa e invoca a presença de Ismênia. Esta chama a culpa também para si, apesar de Antígona não concordar. Creonte acaba por condenar as duas irmãs à morte.

Todos deixam a cena e o coro fala do amor:

Amor, invicto no combate, Amor dissipador de todas as riquezas, que, após vaguear nos mares e em recônditos esconderijos, afinal repousas no doce rosto das moças em flor! Nenhum dos imortais pode evitar-te, nenhum dos homens de existência efêmera; e perde logo o senso quem te procura. Até os justos forças à injustiça, desnorteando-lhes o pensamento e levas a essas lutas pais e filhos.

Antígona é levada para a sua tumba de pedras, a fim de ser emparedada.

---

* Eis a tradução de Guilherme de Almeida para o mesmo trecho:
    CREONTE Não foi crime, acaso, aquilo que ela fez?
    HÊMON O que o povo diz em Tebas é que não.
    CREONTE E é a cidade que há de ditar minhas leis?
    HÊMON Vês? Estás falando como uma criança.
    CREONTE Devo governar pela opinião dos outros?
    HÊMON Não há Estado algum que só pertença a um homem.
    CREONTE A cidade, então, não é de quem governa?
    HÊMON Talvez, se esse rei governasse um deserto.
    CREONTE Ah! Ele defende assim essa mulher!
    HÊMON Se achas que és mulher: pois só defendo a ti.
    CREONTE Infeliz, que se ergue até contra seu pai!
    HÊMON Porque sei que está violentando a justiça.
    CREONTE Violentando-a, se defendo meu poder?
    HÊMON Não, não o defendes desprezando os deuses.

Tirésias, o cego sábio e adivinho, procura Creonte, para adverti-lo de que o fato de não dar túmulo a Polinices traz a ira dos deuses:

Pensa, então, em tudo isso, filho. Os homens todos erram, mas quem comete um erro não é insensato nem sofre pelo mal que fez, se o remedia em vez de preferir mostrar-se inabalável; de fato, a intransigência leva à estupidez. Cede ao defunto, então! Não firas um cadáver! Matar de novo um morto é prova de coragem? Pensei só no teu bem e é por teu bem que falo. Convém ouvir a fala do bom conselheiro se seus conselhos são para o proveito comum.

Creonte rejeita as recomendações do velho e o acusa de impostor. Tirésias reage:

Então fica sabendo, e de bem, que não verás o rápido carro do sol dar muitas voltas antes de ofereceres um parente morto como resgate certo de mais gente morta, pois tu lançaste às profundezas um ser vivo e ignobilmente o sepultaste, enquanto aqui reténs um morto sem exéquias, insepulto, negado aos deuses ínferos. Não tens nem tu, nem mesmo os deuses das alturas, tal direito; isso é violência tua ousada contra os céus! Estão por isso à tua espreita as vingativas, terríveis Fúrias dos infernos e dos deuses, para que sejas vítima dos mesmos males. Vê bem se é por ganância que digo estas coisas! Num tempo não muito distante se ouvirão gemidos de homens e mulheres de teu lar.

Tirésias insultado, deixa o rei Creonte. A posição do adivinho, que "jamais previu mentiras à cidade", faz, finalmente, Creonte ponderar.

Este trava um diálogo com o coro, no qual salienta a falta de bom senso da dura decisão. "Tira essa mulher da prisão subterrânea e manda enterrar o morto profanado", aconselha o coro. Creonte acaba por retroceder. Determina a liberação de Ismênia e concorda em alforriar Antígona da caverna subterrânea e admitir o sepultamento de Polinices. Infelizmente, é tarde demais. Ao entrar na caverna, descobre-se Antígona morta. Hêmon, filho de Creonte, suicida-se, pela dor de perder sua noiva. Carregando o corpo do filho nos braços,

Creonte fica sabendo que Eurídice, sua mulher, ao tomar ciência da morte do filho, também comete suicídio.

> CORIFEU *Eis ali o próprio rei que chega trazendo em suas mãos, revelador, o testemunho não de alheia insânia, mas de erros que ele mesmo cometeu.*
> CREONTE *Erros cruéis de uma alma desalmada! Vede, mortais, o matador e o morto, do mesmo sangue! Ai! Infeliz de mim por minhas decisões irrefletidas! Ah! Filho meu! Levou-te, inda imaturo, tão prematura morte — ai! ai de mim! — por minha irreflexão, não pela tua!*
> CORIFEU *Como tardaste a distinguir o que era justo!*

Creonte recebe o duro castigo pelos seus atos.

Propositadamente, a postura de Creonte rei difere muito daquela de Creonte diante dos arbítrios de Édipo, em *Édipo rei*. O poder transforma o homem.

Em *Antígona* encontra-se a discussão entre a aplicação cega da lei e o seu emprego ponderado com outros valores. Analisa-se a força da lei escrita, ditada pelo homem, contra regras de ordem moral, por vezes não escritas, mas guardadas na consciência coletiva.* Enterrar os mortos era um valor antigo, albergando, inclusive, aspectos religiosos. Naquela sociedade, o sepultamento era sagrado. Uma lei escrita, fruto de um desejo do tirano, que negasse esse Direito natural, deveria ser respeitada?** Com a sua morte, Antígona confirma a força das leis eternas.

---

* A luta de Antígona é a mesma a que se refere o jurista alemão Franz Wieacker, quando escreveu, logo após a Segunda Grande Guerra, que: "A partir do reconhecimento de um dever jurídico suprapositivo e incondicionado, no sentido antes exposto, resultam imediatamente consequências forçosas que libertam o ponto de partida aqui subjacente das limitações do formalismo. Com ele é já antecipadamente estabelecido o pressuposto de uma responsabilização moral da pessoa no sentido de que o pensamento e agir jurídicos apenas podem ser como tal pensados com sentido desde que se considere o homem capaz em princípio de uma decisão no sentido da justiça" (F. Wieacker, *História do Direito privado moderno*, p. 709).
** Segundo Díez-Picazo: "Siempre ha sido justificada la desobediencia de la ley injusta" (*Experiencias jurídicas y teoría del derecho*, p. 198).

Antígona 2

Kelsen pontificou: "do ponto de vista de um conhecimento dirigido ao Direito positivo, uma norma jurídica pode ser considerada como válida ainda que contrarie a ordem moral."[20] Protágoras, o sofista, havia antecipado esse conceito, ao reconhecer que "las leyes hechas por los hombres eran obligatórias y válidas sin consideración a su contenido moral".[21] Essa posição foi rechaçada por Platão, que acreditava numa ideia de justiça superior à lei humana. O mesmo caminho foi seguido por Aristóteles, que defendia a existência de uma lei maior derivada da natureza.

Nesta peça, discute-se exatamente a existência desse Direito natural, superior, constituído por leis não escritas. Para explicá-lo, o jurista Alessandro Groppali cita a obra: "'as grandes leis não escritas e inalteráveis, que não são de hoje, nem de ontem, mas que sempre foram e são', invoca Antígona na tragédia de Sófocles para justificar a sepultura dada, contra a proibição do tirano Creonte, ao irmão Polinices, traidor da pátria."[22]

Também se discute, na peça, o exercício do poder, pois Creonte, claramente um tirano, representa o Estado autoritário.

Antígona reluz como um símbolo de quem defende seus ideais e está preparado para morrer por eles. Ela tem plena ciência de que viola uma norma cuja consequência será sua condenação à morte. Não obstante, decide seguir adiante. A dignidade do ser humano coloca-se ainda mais forte do que a sua existência.

A divergência entre os discursos de Antígona e de Creonte tem enorme relevância. A rigor, ambos estão certos, defendendo diferentes pontos de vista. Antígona protege a sua família, com base num Direito antigo de fundamento religioso. Creonte, por sua vez, defende a cidade, a *res publica*.* As visões, no caso, são incompatíveis.

Os gregos acreditavam que as diferenças entre os homens e os demais animais estavam na razão e no senso de justiça. Esses dois conceitos — justiça e razão — eram guias, inclusive, do pensamento jurídico.

Quando Sófocles submete a discussão de Antígona e Creonte ao povo ateniense, ele está suscitando um debate de alto interesse prático, uma vez que esses cidadãos administravam a cidade. "O público do teatro era aquele que se reunia regularmente na ágora em forma de assembleia popular."[23]

O coro encerra a peça:

CORO [*Acompanhando a lenta retirada de Creonte*] *Destaca-se a prudência sobremodo como a primeira condição para a felicidade. Não se deve ofender os deuses em nada. A desmedida empáfia nas*

---

* Para Hegel, *Antígona* poderia ser vista como o conflito entre a mulher defendendo a família e o homem defendendo o Estado.

palavras reverte em desmedidos golpes contra os soberbos que, já na velhice, aprendem afinal prudência.*

Em *Antígona*, resta claro o conceito de que o ser humano tem direitos pelo simples fato de sua humanidade. A dignidade da pessoa humana e o respeito a ela devido decorrem da nossa natureza.

Por outro ângulo, *Antígona* serve de constante alerta para o fato de que o Direito positivo não pode distanciar-se muito da justiça, daquilo que o nosso sentimento nos indica como sendo o bom e o correto.

Com Ésquilo, foram assentadas pedras angulares, como o reconhecimento da democracia, do Estado de Direito, da proteção à dignidade da pessoa humana e a necessidade de estabelecer um processo justo de julgamento. Em Sófocles, notadamente na *Trilogia tebana*, assistimos a um aprimoramento do processo e chegamos até o questionamento do Direito positivo, quando ele entra em conflito com valores fundamentais.

Édipo rei é a história de um processo no qual se demonstra que o próprio soberano está sujeito a respeitar as leis. Assim, Sófocles também registra que a lei aplica-se igualmente a todos. Apura-se a verdade na medida em que a investigação é feita de forma ampla.

Em *Édipo em Colono*, Sófocles trata também dos valores da democracia, do Estado de Direito e da garantia da defesa. Todos esses conceitos encontram-se previstos no artigo 5.º, LIV e LV, da Constituição Federal do Brasil, que garantem o devido processo legal e o direito à ampla defesa.

Na peça que finaliza a trilogia, *Antígona*, discute-se o limite do Direito positivo e, até mesmo, a justificativa para a insubordinação civil.

---

* Na tradução do mesmo trecho feita por Guilherme de Almeida. "Há muito que a sabedoria é a causa primeira de ser feliz. Nunca aos deuses ninguém deve ofender. Aos orgulhosos os duros golpes, com que pagam suas orgulhosas palavras, na velhice ensinam a ser sábios."

NOTAS

1 | F. Nietzsche, *A gaia ciência*, p. 109.
2 | R.C. Flickinger, *The Greek Theatre and its Drama*, p. 167.
3 | M. Bieber, *The History of Greek and Roman Theater*, p. 29.
4 | M. Berthold, *História mundial do teatro*, p. 109.
5 | F. Nietzsche, *O nascimento da tragédia*, p. 61.
6 | S. Freud, *A interpretação dos sonhos*, p. 284.
7 | Ibid., p. 284 e 285.
8 | B. Knox, *Édipo em Tebas*, p. 173.
9 | M. Foucault, *A verdade e as formas jurídicas*, p. 31.
10 | Sófocles, *Édipo em Colono*, p. 18.
11 | Tullio Ascarelli, *Antigone e Porzia*, Revista Internazionale de Filosofia del Diritto, ano XXXII, p. 756.
12 | B. Brecht, *Estudos sobre teatro*, p. 207.
13 | R.D. Rabinovich-Berkman, *Bom dia, história do direito*, p. 17.
14 | H. Kelsen, *A justiça e o direito natural*, p. 94.
15 | A. Latorre, *Introdução ao direito*, p. 166.
16 | P. Grossi, *Mitologias jurídicas da modernidade*, p. 23ss.
17 | J. Maritain, *O homem e o Estado*, p. 101.
18 | A. Latorre, op.cit., p. 168.
19 | P.D. de Gusmão, *Introdução ao estudo do direito*, 18a ed., p. 60
20 | H. Kelsen, *Teoria pura do direito*, 6a ed., p. 106.
21 | E. Bodenheimer, *Teoría del Derecho*, p. 129.
22 | A. Groppali, *Introdução ao estudo do direito*, p. 79.
23 | H.-T. Lehmann, *Escritura política no teatro liberal*, p. 16.

6 | EURÍPEDES

*"Quando as leis são escritas, o pobre
e o rico têm justiça igual."*
EURÍPEDES, Teseu em *As suplicantes*

Aristóteles referia-se a Eurípedes como "o mais trágico dos poetas".[1] Ao contrário de Ésquilo e Sófocles, cujas peças apresentavam um viés político predominante, as peças de Eurípedes tratavam com mais proximidade da questão humana, das grandes paixões que movem o homem. Segundo Margot Berthold, "com Eurípedes, teve início o teatro psicológico no Ocidente".[2] Como prova disso, eis o seguinte trecho de *Medeia*, uma de suas peças mais perturbadoras, na qual a protagonista indaga:

> *Qual o ser humano que olha o outro com isenção?*
> *Preferem odiar do que conhecer-nos como se deve,*
> *Mesmo antes que lhe façamos qualquer mal.*
> *E quando se é estrangeiro, dizem: "Sê como nós."*
> *Até mesmo os gregos desprezam outros gregos,*
> *Espertos demais para ver o que têm de bom.*

Também em *Medeia*, Eurípedes denuncia, para a machista Atenas de sua época, que "de todos os seres que sobre a terra morrem e brotam,/ O mais sofredor é a mulher". Logo se vê que Eurípedes envereda por outra senda: sua obra não tratava dos deuses, mas dos homens e das suas dificuldades.

Callas como Medeia

Numa simplificação sujeita a críticas — como todas as simplificações — pode-se ligar Ésquilo às discussões acerca do exercício do poder, Sófocles à relação entre o cidadão e o Estado e Eurípedes à humanidade. Essa linha de pensamento é corroborada por *Prometeu acorrentado* de Ésquilo, *Antígona* de Sófocles e *Medeia* de Eurípedes. Contudo, nas obras de todos estes dramaturgos, com as suas peculiaridades e inovações, estavam nítidos o caráter político e o tema constante das relações entre o homem e o poder.

Sabe-se menos da vida de Eurípedes do que das de Ésquilo e Sófocles. Eurípedes nasceu em Salamina, uma ilha próxima a Atenas, por volta de 485 a.C. Estudou e viveu em Atenas até 408 a.C., quando teve de deixar a cidade para ir para a Macedônia. Foi aluno do filósofo Anaxágoras e do sofista Protágoras,[*] além de amigo de Sócrates, que, diz a lenda, só ia ao teatro quando alguma peça de Eurípedes era apresentada.

Eurípedes foi casado duas vezes, mas em nenhum desses relacionamentos encontrou felicidade. Alvo de muitas críticas em seu tempo, como se nota nas comédias de Aristófanes, quando era comum a zombaria sobre o dramaturgo, Eurípedes foi um gênio incompreendido. Homem solitário, de pouco amigos, ao contrário de Sófocles, jamais se imiscuiu na política. Eurípedes faleceu, provavelmente, em 406 a.C.

---

[*] São de Protágoras os seguintes pensamentos: "O homem é a medida de todas as coisas" e "Acerca das divindades, não posso saber se existem ou não, ou como são figurados, pois muitos obstáculos me impedem de verificá-lo: sua invisibilidade e a vida tão curta do homem." Esses ensinamentos estão refletidos na obra de Eurípedes.

Escreveu quase uma centena de peças, das quais apenas 17 chegaram até nós. Dentre a clássica tríade de dramaturgos gregos, Eurípedes é, com sobra, aquele cujo maior número de obras sobreviveu, o que dá prova de sua imensa importância e influência. De fato, depois de sua morte, Eurípedes foi o mais popular dos três grandes dramaturgos de Atenas.[3]

Suas personagens falam a língua do dia a dia. Com Eurípedes, a dramaturgia descobre os diálogos naturais, pois abandona a linguagem mais sóbria, por vezes sacramental, de Ésquilo e Sófocles.

Entre as suas peças mais conhecidas estão *Medeia*, de 431 a.C., *As suplicantes*, de 420 a.C., *As troianas*, de 415 a.C., *Hécuba*, de data incerta, *Helena*, de 412 a.C., *As bacantes*, de 405 a.C. e *Ifigênia em Áulis*, de 405 a.C. As tragédias que sobreviveram se encontram separadas em quatro ciclos: o troiano (relativo aos dramas decorrentes da Guerra de Troia); o dos Átridas (no qual se volta às desventuras de Ifigênia, Electra e Orestes); o Ático (com Medeia e Hipólito) e, por fim, o ciclo tebano (que trata dos mitos dessa cidade).

Eurípedes foi o responsável por tornar as peças menos elitistas. Suas personagens, independentemente de sua classe social, participavam democraticamente da trama. Eurípedes equiparou o filho bastardo ao legítimo e mostrava a igualdade entre o senhor e o escravo. A nobreza, para o dramaturgo, não decorria da origem, mas do caráter.

Também é clara uma linha menos fatalista, na medida em que o herói era, nas suas tramas, mais diretamente responsável pelo seu destino.

Medeia e a consciência moral

"Não é que ignore a horripilância do que farei, mas a emoção derrota raciocínios e é causa dos mais graves malefícios."
EURÍPEDES, Medeia

Medeia estava incluída numa tetralogia encenada em março de 431 a.C., nas Grandes Dionisíacas. Ficou em último lugar. Pouco antes da apresentação, Atenas foi atacada por Tebas, o que marcou o início da Guerra do Peloponeso.

Apesar de ser considerada uma das mais expressivas peças de Eurípedes — e pode-se dizer que é a mais conhecida delas —, *Medeia* tem uma estrutura simples, nunca há mais de duas personagens dialogando no palco.*

O tema da peça se baseia em material mitológico, relacionado ao velocino de ouro. Segundo a lenda, Átamas, rei da Beócia, tivera, do casamento com Néfele, um casal de filhos: Frixo e Hele. Átamas decidiu deixar Néfele para desposar Ino, filha de Cadmo, o fundador de Tebas. Ino, entretanto, tinha ciúmes dos filhos do primeiro casamento de Átamas e decidiu matar as crianças. Para salvar o casal de meninos, Zeus enviou um carneiro voador, cujo pelo era de ouro. O carneiro pegou os meninos e saiu voando em direção à Cólquida, no mar Negro, na Ásia, onde hoje se situa a Geórgia. No caminho, Hele caiu — num local que ficou conhecido como Helesponto —,** mas seu irmão Frixo chegou ao destino. Uma vez na Cólquida, o rei local, Eetes, deu sua filha em casamento a Frixo. O carneiro voador foi sacrificado e seu velo, o famoso velocino de ouro, ficou cravado num carvalho, num bosque consagrado ao deus Ares.

---

* Chico Buarque e Paulo Pontes revisitaram a tragédia, em *A gota d'água*, levando o tema para o subúrbio carioca dos anos 1970. Antes deles, Antônio José da Silva, O Judeu, dramaturgo do século XVIII, apresentou a sua versão de *Medeia* em *Os encantos de Medeia*, apresentada em Lisboa, em 1735 (Antônio José da Silva, *Os encantos de Medeia*, 2013).

** Helesponto é o nome histórico do atual estreito de Dardanelos, situado no noroeste da Turquia, que liga o mar de Mármara ao mar Egeu.

Tempos depois, na Grécia, precisamente na cidade de Iolco, reinava Esão, pai de Jasão. Esão teve seu trono usurpado por seu irmão Pélias, e Jasão, ainda criança, teve que fugir. No exílio, foi educado pelo centauro Quirão. Mais tarde, já crescido, Jasão voltou a Iolco para reclamar o trono. Pélias condicionou a entrega do poder a que Jasão cumprisse a difícil missão de trazer o velocino de ouro, que julgava tratar-se de uma tarefa impossível. Jasão, contudo, assume o desafio. Pede auxílio a Argos, filho de Frixo, que constrói um navio. Jasão consegue reunir os mais valorosos heróis gregos da época para a empreitada. Estes passam a ser conhecidos como os argonautas.*

Os argonautas enfrentaram diversas aventuras até chegarem à Cólquida. Lá, o rei Eetes admitiu entregar o velocino de ouro, mas desde que fossem cumpridas quatro tarefas, que ele, a rigor, considerava de impossível execução. Jasão, contudo, aceita o desafio e, com a ajuda de Medeia, a filha de Eetes, conhecedora de mágicas e sortilégios, cumpre as missões. Para ter o apoio de Medeia, Jasão promete casar-se com ela.

O rei Eetes, apesar de Jasão ter finalizado as missões, recusa-se a entregar o velocino. Jasão, então, foge com o velocino e com Medeia. Eetes envia um exército atrás dos argonautas. Medeia, mais uma vez, faz a diferença. Ela própria mata seu irmão Absirto, que liderava o exército da Cólquida na perseguição, e o esquarteja. Medeia vai jogando partes do corpo do irmão pelo caminho. Isso obriga o exército de Eetes a parar várias vezes para recolher os pedaços do corpo do príncipe e, com isso, se atrasa. A estratégia macabra permite que os argonautas escapem, para, enfim, chegar à Grécia.

Uma vez em Iolco, Jasão apresenta o velocino de ouro a Pélias, a fim de reclamar o trono. O rei, entretanto, não honra a sua palavra. Outra vez mais, Medeia usa sua arte. Ela convence as filhas de Pélias que, por meio de um encanto, podem rejuvenescer o pai delas — tal como teria feito com Esão, pai de Jasão. Deveriam, para tanto, esquartejar e cozinhar Pélias. Evidentemente, o tal encanto era um embuste, e Pélias morre. Seu filho, Acasto, exila Jasão e Medeia de Iolco, juntamente com seus filhos, Féres e Mérmero.

---

* Marinheiro, em grego, é *nautes*.

Banidos de Iolco, o casal e seus filhos acabam acolhidos em Corinto. Algum tempo depois, todavia, Jasão se apaixona pela loira Gláucia, filha do rei de Corinto, Creonte. Este era um rei em idade já avançada, de sorte que o marido da filha seguramente herdaria o poder.

É marcado, então, o casamento de Jasão com Gláucia. Neste ponto tem início a peça de Eurípedes.

Na porta do palácio de Medeia, a ama que cuida de seus filhos conversa com o professor das crianças, o pedagogo, que registra:

*Núpcias novas destroem o liame antigo,
Ele é malquisto neste domicílio.**

Pouco adiante, o professor afirma:

*Não vês que o ser humano
ama a si mesmo mais do que ao vizinho
a um norteia o justo, a outro o lucro,
como o pai que prefere a noiva aos filhos?*

Medeia está desesperada. Jasão, o pai de seus filhos e o homem por quem ela se apaixonou e fugiu de casa, traindo sua família, vai casar-se com outra mulher, mais jovem e filha do rei Creonte. Jasão revela sua natureza fria e calculista. Medeia, a mulher abandonada que ainda ama seu marido, deseja vingar-se.

O coro, que, nesta peça, simboliza o povo, reconhece a dor de Medeia:

*CORO É justo que pretenda vingar-se
do esposo. Não estranho que lamente
o destino.*

O rei Creonte, pai de Gláucia, noiva de Jasão, pressentindo a ameaça que Medeia representa, ordena:

---

* Todos os trechos aqui reproduzidos foram colhidos da tradução de Trajano Vieira (Eurípedes, *Medeia*).

Teu rosto fosco, a raiva contra o esposo,
ordeno que os remova para longe,
sem esquecer a dupla que pariste!
Some daqui! O autor da lei sou eu
e só retorno ao paço quando passes
o marco que demarca o meu reinado.

Medeia tenta persuadir o rei Creonte de que não causará qualquer mal aos noivos, que sequer tem condição de prejudicá-los. Creonte não se convence:

CREONTE Tua fala é um bálsamo, mas me amedronta
que acalentes no peito planos torpes.
(...)
Tua engenhosidade
não muda nada. Assume o ódio e some!
MEDEIA Deixa que eu fique, pela nova esposa!
CREONTE Tua verve não reverte o que eu decido.
MEDEIA Banir-me sem me respeitar as súplicas?
CREONTE Privilegio o lar em teu lugar.
MEDEIA Ó pátria, é meu dever rememorá-la!
CREONTE À cidade só anteponho os descendentes.

Ao fim da altercação, Medeia suplica:

Deixa que eu permaneça um dia só,
a fim de organizar minha partida
e achar um jeito de manter meus filhos,
que Jasão, pai indigno, deixa à míngua.
A condição de pai também te obriga
a seres susceptível. Tem piedade!
Não penso em minha agrura se me exilo,
mas choro a triste sina dos meninos.

Diante disso, Creonte acaba cedendo. Permite que Medeia fique mais um dia na cidade antes de partir. Medeia, contudo, planeja sua vingança.

Jasão tenta falar com Medeia, mas esta é um poço de mágoas:

Homúnculo, me pagas como?
Enganando-me ao leito ainda virgem,
depois que procriei! Aceito a hipótese
do amor por outra, quando não é pai.
Juras não valem, dás a impressão
de achar que os deuses não têm mais poder
ou que os mortais adotam leis inéditas,
ao assumires tua infidelidade.
Eis minha mão, que tanto acariciavas!
Joelhos meus, quantas vezes, farsante,
os afagou, mentindo-me esperanças!
Que tipo de diálogo teríamos,
quando foras companheiro a mim solícito?
A vilania avulta na conversa.
Que rumo hei de tomar? O da morada
paterna que traí, tal qual a pátria?

Segue a discussão entre Medeia e Jasão:

MEDEIA Quanta impostura! Partirei sem rumo
da cidadela em que te refugias!
JASÃO Escolha de que mais ninguém tem culpa!
MEDEIA Mas onde errei? Traí o casamento?
JASÃO Amaldiçoaste, sem clemência, os reis!
MEDEIA Ah, sim! Eu sou a praga do teu lar.
JASÃO Encerro por aqui o bate-boca.
Se desejas amparo pecuniário
para cruzar fronteiras com teus filhos,
é só dizer, que estou às ordens! Símbolos
das tésseras* que envio são garantia
de hospedagem. Bobagem se os renegas!

---

* Placas de metal ou marfim que serviam como salvo-conduto.

Cede à calma e melhora tuas vantagens!
Medeia Repugna-me a morada de teus hóspedes,
Tanto quanto a oferta monetária,
Pois o prêmio do pulha não tem préstimo.
JASÃO Requeiro o testemunho dos eternos
para o fato de eu pretender dar tudo
de que precises, mas o bem não te
agrada. Altiva, agravas o difícil.
MEDEIA Some daqui, saudoso da moçoila
recém-domada! Tomam-na, se tardas!
Goza tua ninfa, pois, se um deus me escuta,
lamentarás — quem sabe... — tuas núpcias.

Medeia se afunda em sua ira. Revela ao coro, que nessa peça representa a pólis, seu plano de matar os próprios filhos, para, assim, agredir Jasão. O coro rejeita a pretensão, mas ela dá prosseguimento a seu estratagema.

CORO Já que me pões a par do que cogitas,
por desejar ser útil, fiel às leis
humanas, digo não aos teus projetos.
MEDEIA É a única saída (...)
CORO Matas quem germinou do teu regaço?
MEDEIA É a mordida que fere mais o esposo.

Medeia procura Jasão e finge arrependimento. Dissimulada, pede perdão por suas palavras rudes, diz que compreende o ex-marido e aceita a ordem do rei Creonte, que a expulsou da cidade. "Ao rei convém o meu desterro, algo bastante compreensível", diz. Nesse passo, Medeia envia para a noiva de Jasão uma túnica, como presente. Tal túnica encontra-se envenenada, sendo o intento de Medeia intoxicar a jovem. Em seguida, pratica o mais funesto dos atos, pois mata os próprios filhos para vingar-se de Jasão:

Não é que ignore
a horripilância do que farei,

*mas a emoção derrota raciocínios
e é causa dos mais graves malefícios.*

Medeia recebe a notícia de que seu veneno matou a jovem princesa e seu pai, o rei Creonte, que abraçou a filha morta e acabou, ele também, vítima da peçonha.

Delirando, Medeia, então, dirige-se a seus filhos, e já que o pai continua sua vida em sua prole, mata-os. Jasão chega para ser informado da tragédia:

*CORO As mãos da mãe mataram teus dois filhos.
JASÃO Ai de mim! O que dizes me aniquila.
CORO Põe na cabeça: a prole não existe!*

Medeia explicita sua ira a Jasão:

*MEDEIA (...) Fiz o que devia ao te atingir no íntimo!
JASÃO Também te afeta a dor que me agonia.
MEDEIA Saber que sofres me alivia a agrura.*

Jasão pranteia:

*JASÃO ó filhos tão queridos!
MEDEIA Só por mim.
JASÃO Porque os mataste então?
MEDEIA Para que sofras.
(...)
JASÃO Que os deuses testemunhem que os mataste,
Que me impede agora de tocá-los,
Impossibilitando de enterrá-los!
Pudera nunca tê-los semeado
Para não vê-los mortos por teus golpes!
CORO De inúmeras ações Zeus é governante;
Os deuses forjam inúmeras surpresas.
O previsível não se concretiza;*

O deus descobre a via do imprevisto.
E assim esta performance termina.

Trata-se de uma peça de vingança. O amor transformou-se em ódio. De certa forma, Medeia toma o lugar das Erínias, as Fúrias, pois pune em demasia o insensível e cínico Jasão.

Medeia, a estrangeira, escapa, sem punição, num carro puxado por dragões. Ao que tudo indica, isso simboliza o caos, a falta de ordem, a inexistência de civilização e a ausência da justiça.

Interessante notar que Péricles, em 451 a.C., havia proibido, em Atenas, o casamento entre cidadão ou cidadã ateniense com um estrangeiro. Assim, Jasão servia de bom exemplo das dificuldades de se casar com uma alienígena.

Eurípedes, nessa peça, transforma Jasão, um herói imaculado na cultura grega, num oportunista e, de certo modo, num covarde. Humaniza-se a personagem, que deixa de ser apenas um símbolo do bem ou do mal. O espectador, com isso, olha para si mesmo. Medeia, de certa forma, perde seu marido pela excessiva devoção. Com razão, Werner Jaeger reconhece: "Eurípedes é o primeiro psicólogo."[4]

Uma leitura de *Medeia* nos remete ao tema central de *Antígona*. Medeia é a bárbara da Cólquida, sem qualquer relação com a sua família. Trata-se de uma alienígena no mundo grego. Jasão, o herói, na medida de sua relação com a estrangeira Medeia, não se integra plenamente à sociedade. Surge, então, a possibilidade de Jasão casar-se com a princesa de Corinto, o que representaria seu ingresso pleno na vida social. A rigor, do ponto de vista puramente legal (aqui tratando das leis de Corinto), Jasão poderia abandonar Medeia para unir-se à princesa Gláucia. Contudo, isso violaria o Direito natural. Afinal, Medeia casou-se com Jasão, havendo, por amor, ajudado o herói em oposição à sua própria família. Do ponto de vista moral, Jasão era o marido de Medeia.

Evidentemente, nada abona o seu terrível ato. Porém, o motor de Medeia é a injustiça que sofreu, porquanto foi abandonada depois de ter, ela própria, se voltado contra sua família e sua pátria.

Nessa peça, compreende-se a necessidade de proteger os valores morais na aplicação de qualquer regra social, inclusive — e notadamente — nas regras jurídicas. Sem padrões morais, não há esteios e tudo é possível, até os crimes mais hediondos. Embora exista um senso de moral, pois Medeia tem ciência de quão odioso é matar seus filhos, ele é massacrado pela ira. A própria Medeia reconhece: "Conhecemos o bem, mas não o seguimos quando nos assalta a paixão."

Hécuba e a condição humana

*"Assombrosa é a multidão e invencível
quando movida por um propósito."*
EURÍPEDES, *Hécuba*

A peça, que se relaciona com a Guerra de Troia, narra a história de Hécuba, rainha da Troia derrotada, dominada pelos vencedores gregos. Após a queda de sua cidade, as troianas são entregues como escravas. Como não há bons ventos para o retorno dos navios vencedores, o fantasma de Aquiles, herói grego morto no confronto, aparece para dizer que a princesa troiana, a virgem Polixena, filha de Hécuba, deve ser sacrificada. Odisseu, outro líder grego, vai ao encontro de Hécuba para tomar-lhe a filha.

Hécuba retrata um tema comum da tragédia grega, especialmente na obra de Eurípedes: a mulher sem proteção, desamparada.

Ao ser informada de que sua filha será sacrificada, Hécuba se desespera e procura Odisseu:

*(...) peço a graça de então e suplico-te,
não me arranqueis minha filha,
nem a mateis: mortos há o suficiente.**

Por fim, Hécuba pede a Odisseu que ele convença os demais a desistir do holocausto:

*A tua reputação, mesmo se falares mal,
convencerá: igual discurso, partindo de insignes
e de insignificantes, não tem a mesma força.*

Hécuba registra que a fonte do discurso guarda enorme importância. Sendo Odisseu homem e grego, suas palavras terão mais força do que as dela, mulher, estrangeira e cativa. Hécuba esperava obter a aju-

---

* As traduções utilizadas dessas peças, salvo quando referidas, são de Christian Werner (Eurípedes, *Duas tragédias gregas: Hécuba e Troianas*, 2004).

da de Odisseu para salvar Polixena. Isso porque, ainda antes do desfecho da guerra, Odisseu foi reconhecido como espião, dentro dos muros de Troia. Hécuba, na ocasião, permitiu que Odisseu escapasse da morte certa. Este, portanto, tinha um dever de gratidão para com ela.

Odisseu, contudo, não se apieda com o desespero de Hécuba. Ele alega que seu dever de reciprocidade se relacionava diretamente a Hécuba, mas não à filha desta. O grego revela-se profundamente ingrato.

Polixena, altiva, lembrando à mãe sua condição, diz preferir a morte à escravidão e, com isso, segue seu destino.

Para piorar, Hécuba toma ciência de que seu filho mais novo, Polidoro, é assassinado. Príamo, rei de Troia e marido de Hécuba, entregou, num determinado momento da guerra, o príncipe Polidoro aos cuidados de Polimestor, rei de uma cidade afastada de Troia. Com o príncipe, foi uma parte dos tesouros de Troia. Quando a cidade caiu, Polimestor matou o menino, a fim de se apoderar do tesouro. Mais uma vez, Eurípedes tem a oportunidade de mostrar que o homem age exclusivamente guiado por interesses particulares.

Hécuba recebe o cadáver de seu filho enquanto prepara os funerais de Polixena. Desesperada, vai a Agamenon, supremo líder dos gregos, pedindo que vingue a morte de Polidoro:

> HÉCUBA *Agora nós somos escravos e talvez sem força;*
> *Mas têm força os deuses e o que sobre eles tem poder,*
> *a lei: por meio da lei cremos nos deuses e vivemos*
> *distinguindo as coisas injustas e justas;*
> *se ela, estando nas tuas mãos, for eliminada,*
> *e não pagarem sua pena aqueles que matam*
> *hóspedes ou ousam pilhar as coisas sacras dos deuses,*
> *não há nada daquilo que, entre os homens, é seguro.*
> *Pondo isso entre o que é vergonhoso, respeita-me,*
> *apieda-te de nós, e, afastado como o pintor,*
> *olha-me e examina os males que eu suporto.*
> *Fui soberana um dia, mas agora sou tua escrava.*

Hécuba evoca uma ordem superior, que separa o justo do injusto. É com base nessa ordem que ela clama a ajuda de Agamenon.

O líder grego pondera:

AGAMENON Eu de ti, de teu filho, de tua fortuna
E de tua mão suplicante, Hécuba, apiedo-me,
e quero, devido aos deuses e à justiça,
que o hóspede ímpio pague por ti essa pena,
se ela se mostrasse tal que a ti beneficiasse,
e ao exército eu não parecesse, graças a Cassandra,
querer esse assassínio contra o rei trácio.
(...)
HÉCUBA (...) Não existe nenhum mortal que seja livre:
ou é escravo de bens ou o é da fortuna,
ou a multidão da cidade ou a letra das leis impede
que ele faça uso dos meios conforme sua inclinação.
Mas já que tens medo e governas mais para a multidão,
Eu te tornarei livre desse temor.
(...)
AGAMENON Como? O que farás? Matarás o homem bárbaro
Com velha mão, tomando uma espada,
Com venenos ou com alguma ajuda?
Que mão estará contigo? Onde arranjarás amigos?
HÉCUBA Esses tetos aí escondem uma multidão de troianas.
AGAMENON Falas das prisioneiras, o butim dos helenos?
HÉCUBA Com elas me vingarei do assassino dos meus filhos.
AGAMENON Mas como com mulheres haverá poder sobre homens?
HÉCUBA Assombrosa é a multidão e invencível quando movida por um propósito.
AGAMENON Assombrosa; mas eu desconsidero a força feminina.

Como Agamenon não a ajuda, Hécuba, liderando suas companheiras de cativeiro, leva adiante seu plano de vingança. Numa emboscada, Hécuba e as troianas arrancam os olhos de Polimestor e matam os seus filhos. Diante do fato, Agamenon, que compreende

Hécuba arranca os olhos de Polimestor

a ira das troianas, condena Polimestor a ser abandonado numa ilha deserta.

Finalmente, chegam os bons ventos e as naus gregas podem retornar.

Eurípedes apresenta o mundo pelos olhos dos vencidos, para, a partir daí, colher alguma reflexão.

Com razão, Hécuba é conhecida como a *mater dolorosa* pagã. Em *Hécuba*, Eurípedes trata da opressão pelos poderosos. Afinal, não há bons exemplos dos vencedores, eles não são heróis. Os gregos são desprezíveis estupradores, infanticidas e impiedosos. Até o arauto grego, homem comum, tem sentimentos mais nobres do que os líderes. Os deuses não escutam as súplicas dos mortais. Não há sentido na guerra.

Eurípedes coloca o homem no centro do mundo. Os deuses não têm qualquer ingerência sobre os nossos destinos. A natureza humana, que nos distingue e nos une, é, ao mesmo tempo, vilã e heroína. Não importa a origem, se grega ou troiana, masculina ou feminina, nobre ou plebeia, somos todos humanos. Somos o que fazemos. As nossas ações determinam nosso valor.

O direito, como instrumento de organização da vida em sociedade, deve, ao mesmo tempo, proteger o homem pela sua simples condição humana e julgá-lo por seus atos, independentemente de suas credenciais. Essa lição se colhe em Eurípedes.

Depois de Ésquilo e Sófocles, com temas fundamentais para a construção de um Estado de Direito e de um ordenamento jurídico, Eurípedes dirige-se, dentro desse arcabouço, para as emoções. Estas são violentas, capazes de fazer uma mãe enfrentar os poderosos e, até mesmo, sacrificar seus filhos.

NOTAS

1 | Aristóteles, *Poética*, p. 61.
2 | M. Berthold, *História mundial do teatro*, p. 110.
3 | B. Heliodora, *Caminhos do teatro ocidental*, p. 53.
4 | W. Jaeger, *Paideia*, p. 408.

7 | ARISTÓFANES

As comédias gregas surgiram depois das tragédias. *Komoídia*, em grego, significa o canto de um grupo de foliões. A partir de 488 a.C., as comédias também passaram a ser apresentadas nos grandes festivais em homenagem a Dionísio, cinquenta anos depois do nascimento de tais eventos, inicialmente destinados apenas às tragédias.

Embora haja outros nomes, como Cratino, Crates e Êupolis, o maior representante da comédia grega antiga é Aristófanes. Somente suas peças foram preservadas.

Aristófanes possivelmente nasceu em 450 a.C. e morreu em 380 a.C. Viveu em Atenas durante a Guerra do Peloponeso (431 a 404 a.C.), uma fase nefasta para a cidade. A guerra está presente em sua obra, assim como uma mordaz crítica aos costumes.

A comédia de Aristófanes é destrutiva: ela mina tudo ao seu redor: o Estado, os pensadores, a sociedade, a natureza humana. Não se nota qualquer censura às peças, de sorte que o autor tinha plena liberdade de expressar suas ideias e formular suas críticas, mesmo de forma ácida.

Durante a Guerra do Peloponeso, houve uma convulsão interna em Atenas. A democracia ateniense foi, em 411 a.C., suplantada por um grupo oligárquico, conhecido como Quatrocentos. Tomando

Aristófanes

o poder, promoveu uma série de mudanças, entre as quais a assinatura de um acordo com Esparta, altamente nocivo para Atenas. Em seguida, deu-se um novo golpe, com uma constituição mais democrática. Porém, logo adveio um contragolpe, com a retomada do poder pela oligarquia, liderada por Cloefonte, um demagogo, muito criticado por Aristófanes.

Cleofonte, em 406 a.C., exatamente no ano da morte de Sófocles e Eurípedes, foi protagonista de um evento que muito lembra *Antígona*. Em plena guerra com Esparta, Cleofonte mandou executar oito de seus generais porque não teriam recolhido alguns soldados náufragos e, com isso, não foi possível dar-lhes sepultura. A execução foi imediata, embora não houvesse culpa alguma dos generais.[1] Evidentemente, Cleofonte era o alvo preferido da sátira política de Aristófanes.

O caos interno foi o prenúncio da decadência da cidade. Basta ver que, em 405 a.C., os espartanos prevaleceram e colocaram suas tropas na Acrópole de Atenas.

A comédia de Aristófanes tratava de temas políticos e externava o declínio da cidade. Com efeito, "todas as peças de Aristófanes têm assunto político."[2]

Aristófanes, sempre num tom agressivo, escreveu quase cinquenta peças, das quais ainda existem onze. As mais conhecidas são *As nuvens*, de 423 a.C., *Lisístrata* (*A greve do sexo*) e *Tesmofariantes*, ambas de 411 a.C., *As rãs*, de 405 a.C., *Um deus chamado dinheiro* e *A revolução das mulheres*, de 392 a.C.

Naquela época, as comédias tinham a função de criticar principalmente os governantes: seus erros e abusos. Havia enorme liberdade de manifestação e de pensamento. Admitia-se citar nominalmente os políticos, colocando-os em situações constrangedoras e irônicas. Por meio do corifeu, o autor se comunicava diretamente com o público.

A revolução das mulheres — a sociedade ri dela própria

"Ainda bem que há autoridade nesta terra!"
ARISTÓFANES, *A revolução das mulheres*

Em *A revolução das mulheres*, Aristófanes narra a história de Praxágoras ("aquela que age em público"), uma mulher muito eloquente, que promove uma revolução, para tecer uma crítica à sociedade de então.

Em Atenas, diante da ineficiência dos homens, Praxágoras toma o poder e estabelece uma nova ordem, regida pelas mulheres, que visa a eliminar a miséria e acabar com a diferença entre pobres e ricos. A propriedade passa a ser comum, embora, sintomaticamente, a escravidão não seja abolida. Ainda assim, é incrível notar que se trata de uma peça de 2.400 anos.

Logo no início, uma mulher relata a situação de seu marido:

> 2.ª mulher [Saindo de casa, vestida de homem] Enquanto me calçava, ouvi o toc-toc de seus dedos, pois já estava bem acordada. Você sabe, querida, meu marido é funcionário público, dorme o dia todo, de modo que passa a noite inteira agindo por baixo das cobertas. Não dá uma folga!*

Eis uma das primeiras medidas de Praxágoras quando toma o poder:

> Por várias razões, não será mais permitido aos oportunistas aproveitarem-se dos cargos públicos para tratar dos próprios interesses; não será mais permitido fazer promessas para não cumprir...
> (...)
> nem roubar o povo, nem fazer intrigas, nem injuriar; não haverá mais pobres...

---

* Tradução utilizada parte da versão de Mário da Gama Kury (Aristófanes, *A revolução das mulheres*, 2006).

Praxágoras institui assim a nova ordem:

PRAXÁGORAS (...) *A terra será de todos, bem como o dinheiro e tudo que atualmente pertence a cada um. Com base num fundo comum, constituído por todos os bens. Nós, as mulheres, sustentaremos vocês, administrando com economia e pensando em tudo.*
BLÊPIRO *E aqueles que não possuem terras, mas outros bens, como joias?*
PRAXÁGORAS *Terão de entregar tudo!*
BLÊPIRO *E se não entregarem?*
PRAXÁGORAS *Quem nada trouxer terá de jurar que nada tem, e ninguém vai querer cometer perjúrio.*
BLÊPIRO *Mas foi com perjúrios que muita gente fez fortuna!*
PRAXÁGORAS *Mas essa riqueza não servirá para coisa alguma.*
BLÊPIRO *Como?*
PRAXÁGORAS *Ninguém fará mais nada por necessidade, pois tudo pertencerá a todos: comida, bebida, roupa e o que mais for. Que vantagem haverá em não trazer tudo para o fundo comum? Diga, se for capaz!*
BLÊPIRO *Não é verdade que atualmente são os larápios que possuem as maiores riquezas?*

Praxágoras indica uma peculiar regra, para que a mulher feia não tenha problemas:

As feias e mal-acabadas ficarão ao lado das mais bonitas, e quem quiser as bonitonas terá que satisfazer primeiro as feiosas.

E outra regra para os homens:

BLÊPIRO *Para vocês, mulheres, o plano está muito engenhoso; você já arranjou as coisas de tal maneira que nenhuma mulher ficará sem o dela. Mas quanto aos homens, como é que vai ser? As gostosonas fugirão dos feios para se entregar aos bonitões.*
PRAXÁGORAS *Não senhor! Isso aconteceria no regime antigo, quando só se pensava em um lado dos problemas. Agora, o meca-*

nismo vai ser o mesmo! As feias tomarão contas dos bonitões e as mulheres não poderão ir com os altos, morenos e simpáticos antes de ter resolvido o problema dos baixinhos e mal-acabados.

A peça se encerra com Praxágoras decidindo uma contenda entre duas mulheres, uma velha e outra nova, que discutem sobre quem terá direito a deitar-se com o mesmo rapaz:

SECRETÁRIA Bem que eu disse que as mulheres não se entendem quando o assunto é homem!
1.ª VELHA Ainda bem que há autoridade nesta terra!
[Dirigindo-se a Praxágoras]
Fui eu que vi primeiro o rapaz e evitei que ele desobedecesse a lei, pois ele queria ir direto com uma mocinha! As senhoras não lembram? É comigo que o rapaz deve ir!
PRAXÁGORAS [Aproximando-se do rapaz e examinando-o atentamente] Ouçamos o que ele tem a dizer!
RAPAZ Por favor, moça! [dirigindo-se a Praxágoras] Livre-me desses pesadelos! Minha queridinha está me esperando naquela casa em frente!
PRAXÁGORAS Mas isso não seria legal...
RAPAZ Que falta faz a liberdade!...
PRAXÁGORAS [Põe a mão no queixo, refletindo sobre a situação. Contempla novamente o rapaz. De repente, põe as mãos nas cadeiras, com ar de quem tomou uma decisão]: Muito bem! Diante da intransigência das cidadãs e tendo em vista o artigo da lei segundo o qual os casos omissos serão resolvidos pela chefa do governo e, mais ainda, que o espírito da lei é mais importante que a sua letra...
[Dirigindo-se ao Rapaz] Quantos anos têm a sua queridinha?
RAPAZ uns vinte anos.
PRAXÁGORAS [Passando a mão vaidosamente no cabelo e ajeitando a roupa] Então, esse cidadão não vai nem com a moça nem com a senhora. A moça tem vinte anos, a senhora deve ter uns sessenta. Vinte mais sessenta igual a oitenta, oitenta divididos por dois igual a quarenta (e a mamãe aqui tem mais ou menos quarenta...).

[Segurando o rapaz gentilmente pelo braço] Venha comigo! Resolvi o seu caso, agora você vai resolver o meu!
[À parte]
Afinal de contas, eu não ia fazer essa revolução e aprontar a cama para outras deitarem!

O homem precisa da autocrítica, da reflexão, para se aprimorar. A sociedade sadia ri dela própria. *Ridendo castigat mores*, conhecida máxima latina, registra exatamente o conceito de que, pelo riso, se corrigem os costumes. Ao ridicularizarem as condutas, mostra-se como elas são deturpadas.

O funcionário público que não trabalha, o administrador público que interpreta a lei em seu benefício pessoal, a ineficiência do Estado, entre tantas outras críticas que eram comuns naquela época e seguem atuais.

Aristófanes e os atenienses do século V a.C. introduziram esse grande avanço para a sociedade. Para o seu aperfeiçoamento e a fim de corrigir deturpações, a sociedade precisa olhar para si mesma, com espírito crítico — e, de preferência, com algum humor, pois, afinal, a vida sem humor é insuportável.

NOTAS

1 | J.S. Brandão, *Teatro grego*, p. 103.

2 | O.M. Carpeaux, *História da literatura ocidental*, p. 69.

8 | A MORTE DOS DEUSES E O JULGAMENTO DE SÓCRATES

"O caráter do homem é o seu destino."
Ethos anthropou daimon
HERÁCLITO

"Não achas que ações constituem melhores evidências do que palavras?"
SÓCRATES[1]

Naquele momento e local histórico, Atenas do século V a.C., Estado e religião se separam.

As civilizações primitivas acreditavam que suas leis derivavam dos deuses. Os cretenses defendiam que Zeus fora seu legislador. Os gregos inicialmente sustentavam que Apolo lhes trouxera as leis. Hamurabi, o legislador babilônico (1728–1686 a.C.), recebe as leis, segundo a tradição, diretamente do deus sol Samas.[2] Mesmo os romanos diziam que a deusa Egéria, uma divindade primitiva, ditara-lhes as leis. Havia, portanto, uma origem divina nas leis, que lhes garantia legitimidade. O direito, então, nasce da religião.

Nas obras dos dramaturgos gregos, conseguimos assistir como se cruzou essa ponte, deixando para trás os aspectos religiosos, para entregar ao homem a legitimidade de construir o ordenamento jurídico. A caminhada segue até que Aristóteles reconhece: "A lei é a razão." A filosofia, assim, mata os deuses.*

Nas peças de Ésquilo, os deuses interagiam diretamente com o homem. Depois, em Sófocles, os deuses falavam apenas por meio dos orá-

---

* "Os deuses do Olimpo morreram com a filosofia mas sobreviveram na arte", diz Bruno Snell (*A cultura grega e as origens do pensamento europeu*, p. 37).

culos. Em Eurípedes, só havia a ação humana. Por fim, em Aristófanes, a ação humana se dava entre a gente do povo. A desmitificação é evidente. Os deuses morrem, enquanto os homens ganham força.

Ésquilo expõe a força do destino, da fatalidade cega das Erínias. Em Sófocles, avulta a razão, enquanto em Eurípedes a paixão toma o lugar prevalente. Aristóteles disse que Sófocles pintava os homens como deveriam ser, ao passo que Eurípedes os pintava como efetivamente eram.[3]

Consegue-se ver um caminho na obra dos dramaturgos, até mesmo na importância dada ao ser humano — Antígona, de Sófocles, diz: "Muitos prodígios há; porém nenhum maior do que o homem." Vislumbra-se, ademais, um novo dimensionamento da mulher. Basta ver que a grande parte dos heróis das peças de Eurípedes e Aristófanes são mulheres. Em Ésquilo, encontra-se a certeza de que há uma ordem superior, correta e grandiosa, que coordena o mundo dos mortais. Se alguém se dirige contra essa ordem, os deuses logo se vingam, demonstrando os limites. Com Sófocles, também se vê essa ordem divina. Entretanto, o homem já mostra a sua força e concorre para que se cumpra o destino. Por fim, em Eurípedes, a força do homem com relação ao que ocorre em sua vida é muito maior. O herói é o responsável por seu destino.

Consoante comenta o crítico Otto Maria Carpeaux, tanto em Ésquilo como em Eurípedes, a família tem papel fundamental. Entretanto, para Ésquilo, as relações familiares representam as leis primitivas superadas pela nova ordem social estabelecida pela cidade. Em Eurípedes, a desgraça está nos sentimentos humanos que complicam a vida familiar.[4] Ésquilo vê o coletivo, ao passo que Eurípedes mira o indivíduo.

De toda sorte, como anotam os historiadores Jean-Pierre Vernant e Vidal-Naquet, a solução do drama escapa ao herói, pois "traduz sempre o triunfo dos valores coletivos impostos pela nova cidade democrática".[5]

Os dramaturgos gregos criaram uma nova forma de relação entre os homens e o Estado e, diante disso, dos homens entre si. "Quando mudam os paradigmas, muda com eles o próprio mundo."[6] Abrem-se novos caminhos, novas direções.

Buscou-se promover uma civilização na qual era fundamental distinguir o bem e o mal, o belo e o feio, o certo e o errado. A filosofia, a política e o Direito caminhavam no sentido de encontrar uma ordem. Como reconhece o filósofo contemporâneo Michael J. Sandel, para Aristóteles, "o propósito da política não é criar uma estrutura de direitos neutra em relação às finalidades. É formar bons cidadãos e cultivar o bom-caráter".[7] Esse propósito não pode jamais ser esquecido. Com uma notável lucidez, o jurista francês Georges Ripert aponta que o respeito à pessoa humana e o sentimento de justiça defendem a nossa civilização.[8]

Eis uma lei ateniense, editada possivelmente em 410 a.C.:

O Conselho e a assembleia decidiram; Éantis era a tribo que presidia; Clígenes era secretário; Boétos era presidente; Demofante propôs o seguinte: A data desse decreto é o Conselho dos Quinhentos,* escolhido por sorteio, sendo Clígenes o primeiro-secretário. Qualquer pessoa que suprima a democracia em Atenas ou sirva em qualquer cargo público, enquanto a democracia estiver suspensa, será inimigo dos atenienses e deverá ser morto sem punição para quem o matar, e seus bens deverão ser confiscados e 1/10 deverá ser destinado às deusas; aquele que o tiver matado ou tiver conspirado contra ele, deverá ficar livre de profanação; todos os atenienses têm de jurar sacrifícios ilibados pelas tribos (phylaí) e demos que vão matá-lo. E o juramento deverá ser este: "Vou matar por palavra e ação e por minhas próprias mãos, se isso estiver ao meu alcance, todo aquele que subverter a democracia em Atenas e ocupar qualquer cargo público enquanto a democracia estiver suspensa, tentar se tornar um tirano ou ajudar a estabelecer uma tirania. E se alguém matar tal pessoa, vou considerá-lo puro aos olhos dos deuses e deusas, porque terá matado um inimigo dos atenienses e venderei todos os bens da pessoa assassinada e darei metade dessa renda a seu assassino, sem privá-lo de nada; e se alguém morrer ao matar ou tentar matar

---

* Trata-se do Conselho, estabelecido por Clístenes em 508–507 a.C. composto de quinhentos membros, cinquenta de cada uma das dez tribos de Atenas. Cabia a eles eleger os magistrados.

essa pessoa, vou cuidar dele e de seus filhos da mesma maneira que Harmódio e Aristógito* e seus descendentes. E declaro nulos todos os juramentos feitos contra a democracia ateniense, em Atenas ou em qualquer outro local." Todos os atenienses devem prestar seu juramento de sacrifícios ilibados antes do festival das Dionísias. E devem rezar para aqueles que observam o juramento sejam abençoados, enquanto aqueles que o quebrem, pereçam, eles e seus descendentes.[9]

Trata-se de uma lei antitirania, pois os atenienses prezavam extraordinariamente o regime democrático que estabeleceram. Daí as terríveis sanções aplicadas àqueles que pretendessem acabar com o governo comum. Esse juramento, prestado pelos atenienses, era feito exatamente antes do festival teatral dedicado a Dionísio. O teatro era, pois, um momento cívico fundamental, no qual se celebrava essa conquista da civilização: os homens regendo suas atividades, com o poder de discutir seus atos e receber o julgamento desses atos por iguais.

Em maio de 399 a.C., o tribunal popular de Atenas se reuniu para julgar Sócrates. O seu julgamento é um dos fatos históricos mais relevantes da Grécia Antiga e de toda a civilização. O jornalista norte-americano I.F. Stone inicia o seu clássico *O julgamento de Sócrates* registrando que "nenhum outro julgamento, à parte o de Jesus, deixou uma impressão tão forte na imaginação do homem ocidental quanto o de Sócrates".[10]

O tribunal, na ocasião, era composto de seis mil cidadãos atenienses, escolhidos por sorteio anualmente. Para cada caso, eram, novamente, por meio de sorteio, indicados, dos seis mil, 501 membros para compor a sessão e votar.

É importante compreender o contexto histórico daquele momento em Atenas. A cidade havia perdido a Guerra do Peloponeso para Esparta, em 404 a.C. Logo após a derrota, diante da fragilidade política, fora instalado em Atenas um regime oligárquico, liderado por Crítias. Esse movimento foi vencido à força, com o assassinato de Crítias e a tomada de poder por um novo grupo radical, que busca-

---

* Esses são os assassinos de Hiparco, filho do tirano Pisístrato. Seus descendentes recebiam refeições gratuitas no centro administrativo da pólis.

va, a todo custo, reinstaurar a democracia. Instalou-se um Conselho, que confiscou propriedades e tomou dinheiro de muitos mercadores abastados. Esse grupo, com grande apoio popular, coibia violentamente qualquer contestação à democracia.

Sócrates era despojado. Vivia descalço, com a túnica velha e gasta. Foi acusado de corromper a juventude. Mais especificamente, como relata Xenofonte, pesava sobre ele a denúncia de "negar-se a reconhecer os deuses da cidade e introduzir outros deuses novos. Também é culpado de corromper os jovens".[11] Uma acusação nada objetiva.*

Sócrates, conhecidamente, zombava de uma adoração cega aos deuses e das superstições. Questionador, criticava tudo ao seu redor de forma aberta e corrosiva.

Havia, claro, um aspecto político, como em tudo o mais em Atenas, naquele julgamento. O governo via Sócrates com maus olhos por sua ligação com a aristocracia — muitos de seus discípulos e amigos eram aristocratas e, de fato, Crítias, o líder do deposto movimento elitista, fora um conhecido pupilo do filósofo. Entretanto, como fora pouco antes definida uma anistia, não era possível ao tribunal imputar a Sócrates a culpa por suas relações com os aristocratas. Foi necessário fazer uma acusação genérica.

Naquele momento, Sócrates contava com setenta anos. Fora um combatente na guerra contra os persas.** Como filósofo, era respeitado e seguido por muitos, principalmente pela juventude. Certamente, invejado e temido por outros tantos.

A sua ascendência sobre muitos jovens — entre eles Platão*** — foi certamente o que mais incomodou o grupo então no poder em

---

* Diferente do que ocorrera com o escultor Fídias, que, pouco antes, fora acusado de ter-se autorretratado numa das frisas do Partenon. Considerado culpado, o famoso escultor teve que deixar Atenas.
** Em 449 a.C., Sócrates combatera como hoplita, isto é, um soldado que lutava a pé, armado de escudo e lança.
*** Platão narra o julgamento de seu ídolo de juventude na sua *Apologia*, palavra de origem grega que significa defesa (Platão, *Apologia de Sócrates*). Pode-se questionar se o Sócrates encontrado na *Apologia* de Platão foi real ou idealizado pelo seu pupilo. Seja como for, o relato platônico é uma peça dramática extraordinária. Outro relato desse mesmo episódio clássico se encontra em Xenofonte (*Ditos e feitos memoráveis de Sócrates*), também seguidor de Sócrates.

Atenas. Sócrates disseminava entre seus seguidores os mais diferentes questionamentos, além de municiá-los com ferramentas para discutir e debater. Ensinava-os a questionar.

Dono de uma inteligência aguçada, o filósofo tinha um enorme senso de humor. Era conhecido por sua ironia (palavra de origem grega, que significa uma narração incompleta). Segundo seu método — hoje conhecido como "método socrático" —, faziam-se perguntas ao interlocutor, para que este, sem encontrar as respostas, reconhecesse sua ignorância acerca do tema debatido e sua falta de razão. As maiores armas de Sócrates, contudo, eram a sua integridade, coragem, inteireza de caráter e franqueza.

A democracia fora inventada havia pouco. Na sociedade ateniense, questionava-se tudo, debatia-se qualquer fato, e as antigas verdades eram postas em dúvida. Os discursos dos sofistas e de Sócrates acirravam esses questionamentos.

No seu julgamento, Sócrates adota uma postura arrogante e irônica. Não bajula os juízes, mas, antes, os desafia. Não refuta diretamente as denúncias que lhe são dirigidas, porém questiona os acusadores de forma cínica.*

Sócrates, por exemplo, relata aos jurados que o Oráculo de Delfos o havia reconhecido como o mais sábio dos homens. Isso, entretanto, decorria do fato de ele, Sócrates, ter ciência da ignorância humana. "Tudo que sei é que nada sei.", teria registrado o filósofo. Essa manifestação é, vista de outro ângulo, extremamente arrogante, pois Sócrates chamava todos os jurados de ignorantes e se colocava acima deles. A discussão, contudo, tinha aspectos mais profundos, que deitava raízes nos fundamentos e na validade da democracia ateniense. Sócrates questionava a natureza do regime: Atenas era, de fato, uma cidade livre, ou não passava de um rebanho?

Os atenienses se orgulhavam de sua pólis. Já se disse que esse termo não pode ser traduzido simplesmente por cidade. A pólis era muito mais. Era a cidade-Estado, que se autogovernava, o que, em Atenas, era feito pelos próprios cidadãos. Esse cidadão era o *polites*, de onde

---

* Para mais detalhes sobre o julgamento de Sócrates, ver F. Massara, *Os grandes julgamentos — Sócrates*.

derivam o português polido e o inglês *polite*, isto é, educado, refinado. O cidadão de uma pólis era uma pessoa civilizada e, para usar a expressão de Aristóteles, um *zoon politikon*, ou seja, um animal político. Esse cidadão não apenas poderia, mas, naquela sociedade, deveria conhecer e atuar de forma ativa nas questões que afetassem Atenas. Naquela comunidade, os homens governavam e eram governados.[12]

Sócrates questiona esses pilares da sociedade ateniense. O filósofo punha em dúvida a real existência da democracia, pois denunciava o fato de que o povo, muitas vezes, era tratado como gado. Sócrates alertava, sempre de forma indireta, que os seres humanos diferiam em suas qualidades, sendo alguns mais aptos a liderar. Nessa linha, Sócrates cita Homero, que qualifica Agamenon como o "pastor do povo".*

Essa referência, como nota Stone, é dúbia.[13] Afinal, o pastor não questiona as ovelhas acerca da hora de as tosquiar ou quando as vender ao mercado de carne. A analogia não se aplicava àqueles que defendiam a democracia ateniense. Sob esse enfoque, Sócrates se colocava como um antidemocrata.

Além disso, dois dos mais famosos alunos de Sócrates, Alcebíades e Crítias, eram extremamente impopulares em Atenas. O primeiro, antes um poderoso general ateniense, fugiu da cidade e passou a ajudar os espartanos, principais rivais da sua cidade. Crítias, por sua vez, era, possivelmente, o mais violento dos líderes da oligarquia que pouco antes se instalara em Atenas. Banida a oligarquia pelo grupo que julgava Sócrates, evidentemente, eles colocavam em dúvida a qualidade do filósofo como preceptor.

Uma grave acusação que pesava contra o filósofo era a sua indiferença às questões da pólis. Para os atenienses, nada poderia ser mais danoso do que a falta de comprometimento com a comunidade. Contra essa imputação, Sócrates defendeu-se, como se vê na *Apologia* de Platão, citando duas oportunidades nas quais atuou politicamente. A primeira ocorreu em 406 a.C., no julgamento dos generais atenienses acusados de não recolher alguns sobreviventes e os corpos

---

* Sócrates, segundo relata Xenofonte, indaga a um general, que acabara de ser eleito, o motivo de Homero chamar Agamenon de "pastor do povo". A resposta foi que "um rei é escolhido não para cuidar de si, mas para o benefício daqueles que o escolheram" (Xenofonte, *Ditos e feitos memoráveis de Sócrates*, p. 98).

de outros combatentes, no meio de uma batalha naval ocorrida na Guerra do Peloponeso. O clamor popular era no sentido de que todos os generais eram culpados e mereciam punição. Sócrates foi sorteado para participar do grupo de jurados. O filósofo, contudo, foi vencido nessa votação, contrariando o resto dos jurados, que se vergou à opinião pública. A discussão consistia em identificar o que seria mais justo: julgar todos os generais em conjunto ou analisar a situação de cada um deles isoladamente. Sócrates entendeu que cada caso possuía as suas circunstâncias e peculiaridades, não sendo razoável o julgamento coletivo. O filósofo foi o único a votar nesse sentido.

Sócrates também se referiu a uma segunda ocasião na qual teria atuado pela cidade. Nessa, ele fora chamado, durante o período do governo oligárquico, conhecido como Ditadura dos Trinta, a prender um *meteco*, isto é, um estrangeiro endinheirado. Naquele episódio, como Sócrates considerava a prisão abusiva, ele deixou de seguir a ordem e foi para casa, sem prender o forasteiro. Era o seu modo de reagir à arbitrariedade.

As votações eram feitas pelos 501 julgadores, que depositavam numa urna bolas brancas, para a absolvição, ou bolas pretas, para a condenação. Apurados os votos, uma pequena maioria decidiu que Sócrates era culpado — isto é, que representava um mal para a cidade. Dos 501 jurados, 280 votaram pela sua condenação. Bastava que trinta deles tivessem alterado sua orientação para que o filósofo fosse absolvido.

Sócrates aparentemente esforçou-se para ser condenado. Não conseguiu dissimular, ou melhor, fez questão de externar seu desprezo pelo júri, composto de "cidadãos, na maioria proveniente das classes menos educadas".[14] Abertamente, Sócrates execrava os comerciantes que frequentavam a assembleia, sustentando que eles não tinham discernimento para liderar.* Além disso, confrontou os

---

* Eis uma passagem do *Fedro* (260 B-D) de Platão:
  Sócrates: Então, quando o orador que não sabe o que são o bem e o mal resolve persuadir um Estado igualmente ignorante, não louvando uma "sombra de burro" chamando-a cavalo, irias louvando o mal chamando-o bem, e, tendo examinado as opiniões da multidão, persuadindo-a a fazer o mal ao invés do bem, que colheita imagina que sua oratória obterá doravante das sementes que ele plantou?
  Fedro: Uma colheita não muito boa.

jurados ao garantir que jamais abriria mão de ensinar filosofia, deixando claro o seu desprezo pela decisão.

Sócrates não era um pensador inofensivo. Suas fortes opiniões impregnavam a mente de seus discípulos e aqueles que o ouviam, notadamente os jovens. Era um violento crítico do sistema, e o poder estabelecido em Atenas não conseguiu conviver com ele.

Os crimes, em Atenas, eram julgados em dois turnos. No primeiro, os jurados decidiam se o réu era culpado ou inocente e, logo, se seria condenado ou absolvido. Depois, caso o acusado fosse condenado, havia uma segunda votação, na qual os jurados decidiam qual seria a pena. No segundo escrutínio, Sócrates revelou-se ainda mais irônico e arrogante, o que, evidentemente, não cativou a simpatia dos jurados.

Como resultado, na segunda votação, um número maior de jurados — 360 dos 501 — votou pela pena de morte. Sócrates foi condenado à morte pela ingestão de um veneno chamado cicuta. Assim, "Sócrates foi o primeiro mártir da cultura".[15] De acordo com Platão, Sócrates registra aos seus julgadores: "Pois se pensais que, matando homens, impedis que alguém vos repreenda pela vossa vida não reta, estais enganados. Não, não é este o modo de se libertar deles; nem é possível nem belo; mas há outro modo belíssimo e muito fácil: em vez de cassar ao outro a palavra, esforçai-vos por serdes sempre mais virtuosos e melhores. Este é o meu vaticínio para vós que me haveis condenado; e aqui termino."[16]

Condenado a se envenenar, Sócrates enfrentou uma questão moral de obediência e submissão: "Devo sujeitar-me à punição por desobediência ou fugir?".[17] Sócrates opta por submeter-se à determinação de sua cidade, ainda que ela tenha sido errada e injusta. Paradoxalmente, para o filósofo, aquela era uma morte digna. Para Sócrates, que se sentiu protegido pelas leis da cidade durante toda a sua vida, não era correto, naquele momento, desconsiderar a mesma lei, apenas porque ela lhe afetava negativamente.

Critão, discípulo de Sócrates, insiste com seu mestre para que fuja, escapando da morte. Sócrates, contudo, reage: no exílio, o que poderia fazer pelos seus filhos? Seriam eles também perseguidos se o pai fugisse? Teriam eles vergonha do pai, que não se sujeitou às normas? Ao morrer, por obedecer a lei, deixava um bom exemplo, concluiu o

A morte de Sócrates de David

filósofo. Nas palavras de seu discípulo Xenofonte, "preferiu morrer, permanecendo fiel às leis, a viver, violando-as".[18]

O filósofo poderia, ainda, ter pleiteado uma sentença mais leve, tal como a morte civil, que seria o exílio. Sócrates preferiu o martírio.

Para o filósofo, "o Estado deixa de ser produto convencional da vontade dos homens. O homem não pode viver fora do Estado, sem viver ao mesmo tempo fora da humanidade e da lei da sua natureza intelectual; e a tal ponto isto é assim, que, mesmo deixando de ser justas as leis da cidade, como aquelas que o condenaram à morte, o homem deve-lhes ainda obediência, pois que sem isso nenhum Estado seria jamais possível".[19]

Segundo as tradições, Sócrates, cercado de seus discípulos mais próximos, bebeu a amarga cicuta, um veneno poderoso, de uma só vez. Seu corpo começou a esfriar e tremer. "Está na hora de partirmos", disse o mestre, "vocês para a vida, eu para a morte. Quem de nós está indo para o melhor destino, só mesmo os deuses sabem."

Suas últimas palavras foram dirigidas a seu discípulo Critão: "Recorda-te que devemos um galo a Esculápio. Dá-lho, não te esqueças."*

I.F. Stone imagina a seguinte defesa de Sócrates, que, segundo o referido autor, o teria salvo da pena de morte:

> *"Atenienses, concidadãos", Sócrates poderia ter argumentado, "não é Sócrates quem está sendo julgado, mas as ideias, e Atenas.*
>
> *Não estão me acusando de ter praticado nenhum ato ilegal ou ímpio, contrário a nossa cidade ou seus altares. Nada semelhante foi alegado contra mim.*
>
> *Não me acusam de ter feito algo, mas de ter dito e ensinado certas coisas. Ameaçam-me de morte por não gostar de minhas ideias e meus ensinamentos. Trata-se, pois, de uma acusação a ideias, algo novo na história de nossa cidade. Nesse sentido, é Atenas que está no banco dos réus, e não Sócrates. Cada um dos senhores, meus juízes, é um réu.*
>
> *Serei franco. Não acredito em sua propalada liberdade de expressão, mas os senhores acreditam nela. Creio que as opiniões de homens comuns não passam de doxa — convicções sem substância, pálidas sombras da realidade, que não devem ser levadas a sério e que só teriam o efeito de desencaminhar a cidade.*
>
> *Considero absurdo que se incentive a livre expressão de opiniões sem fundamento ou mesmo irracionais, ou fundamentar a política da cidade numa contagem de cabeças, como quem conta repolhos. Portanto, não creio na democracia. Mas os senhores, sim. Os senhores estão sendo testados, não eu.*

---

* Foucault examina essa famosa última frase. Esculápio era uma divindade relacionada à cura. Os antigos gregos faziam sacrifícios a Esculápio quando conseguiam salvar-se de alguma doença. Uma leitura dessa frase, sugerida por Foucault, é a de que Sócrates manda fazer o sacrifício porque teria sido curado de uma doença: da vida. A alma de Sócrates estaria "curada do mal de estar unida ao seu corpo" (M. Foucault, *A coragem da verdade*, p. 85). De outra forma, as últimas palavras do filósofo poderiam ser, "Critão, a vida é uma doença!" Se é assim, Sócrates, no momento derradeiro, perto de sua execução, fraqueja, tal como Jesus, que, segundo os Evangelhos de Mateus e Marcos, reclama o abandono.

Acredito, e já o disse muitas vezes, que não deve o sapateiro ir além do sapato. Não creio em versatilidade. Recorro ao sapateiro quando quero sapatos e não ideias. Creio que o governo deve caber àqueles que sabem, e os outros devem, para seu próprio bem, seguir suas recomendações, tal como seguem as do médico.

Não afirmo saber o que quer que seja, mas ao menos sei quando não sei algo. Homens como eu — chamai-nos filósofos ou sonhadores, como bem entenderdes — constituímos um tesouro cívico, e não uma ameaça; somos guias a indicar o caminho de uma vida melhor.

Sua liberdade de expressão parte do pressuposto de que as opiniões de todos os homens têm valor e de que a maioria constitui melhor guia do que a minoria. Mas como podem jactar-se de sua liberdade de expressão quando desejam silenciar-me? Como podem ouvir as opiniões do sapateiro ou do curtidor quando discutem sobre a justiça na assembleia, porém fazem-me silenciar quando manifesto as minhas, embora toda a minha vida tenha sido dedicada à busca da verdade, enquanto os senhores cuidam de seus assuntos particulares?

(...)

As ideias não são frágeis como os homens. É impossível fazê-las beber cicuta. Minhas ideias, e meu exemplo, haverão de sobreviver a mim. Mas o bom nome de Atenas ficará maculado para todo o sempre, se violarem suas tradições condenando-me. A vergonha será sua, não minha."[20]

Como anota Carpeaux, embora o julgamento e a execução tenham ocorrido em 399 a.C., a sua revisão teve início naquele momento e continua até hoje.[21]

Pergunta-se: por que o julgamento de Sócrates nos emociona? A resposta é a mesma para a seguinte indagação: por que todos os julgamentos injustos nos emocionam? Esses julgamentos nos perturbam exatamente porque se distanciaram dos valores constantes nas obras de Ésquilo, Sófocles, Eurípedes e Aristófanes. Nessas obras, das quais tratamos aqui, avultam os conceitos forjados na *Oresteia* e em *Édipo rei*, no sentido de que o julgamento deve ser justo, levado adiante por juízes imparciais e sem opiniões predeterminadas. Essas obras ensinam a odiar a tirania e o arbítrio, como se vê em *Os persas* e em *Prometeu acorrentado*. Aprendemos também que a solidariedade humana é motivo, até mesmo, para enfrentar uma guerra, como ocorre em *As suplicantes*. Como se viu em *Antígona*, a insubordinação civil pode ser legítima e o Direito positivo tem limites — não encontra uma justificativa absoluta pelo simples fato de ser emanado pela autoridade competente.

O julgamento de Sócrates não acabou porque ele foi injusto. Os julgamentos injustos nunca acabam. Eles ficam para sempre ecoando, vagando pelas nossas consciências. Eles não encontram descanso, exatamente porque fazem com que essas peças, escritas há quase 2.500 anos, despertem e gritem nos orientando sobre os padrões de justiça e de correção.

NOTAS

1 | Xenofonte, *Ditos e feitos memoráveis de Sócrates*, p. 162
2 | E. Bouzon, *O Código de Hammurabi*.
3 | Aristóteles, *Poética*, p. 32.
4 | O.M. Carpeaux, *História da literatura ocidental*, p. 66.
5 | J.-P. Vernant e P. Vidal-Naquet, *Mito e tragédia na Grécia Antiga*.
6 | T.S. Kuhn, *A estrutura das revoluções científicas*, p. 147.
7 | M.J. Sandel, *Justiça*, p. 240.
8 | G. Ripert, *Les Forces Créatrices du Droit*, p. 423.
9 | I. Arnaoutoglou, *Leis da Grécia Antiga*, p. 85 e 86.
10 | I.F. Stone, *O julgamento de Sócrates*, p. 23.
11 | P.V. Jones, *O mundo de Atenas*, p. 42.
12 | Aristóteles, *Política*, 2.1.2.
13 | I.F. Stone, op.cit., p. 38.
14 | W. Durant, *Heróis da história*, p. 123.
15 | D. Schwanitz, *Cultura geral*, p. 501.
16 | Platão, *Apologia de Sócrates*, p. 104.
17 | H.L.A. Hart, *O conceito de direito*, p. 272.
18 | Xenofonte, op.cit., p. 160.
19 | C. de Moncada, *Filosofia do Direito e do Estado*, p. 15.
20 | I.F. Stone, *O julgamento de Sócrates*, p. 251 e 252.
21 | O.M. Carpeaux, *Ensaios reunidos*, p. 492.

9 | A INVENÇÃO DO DIREITO

Em 405 a.C., Atenas vivia uma severa crise, sofrendo duramente a guerra contra Esparta, que viria a perder no ano seguinte. Nesse momento de aflição, Aristófanes, o comediante, apresenta *As rãs*. Nessa peça, o deus Dionísio, a quem os festivais de teatro eram consagrados, vai ao mundo dos mortos, o reino de Hades,* a fim de trazer de volta Eurípedes, o dramaturgo que ele mais apreciava, morto no ano anterior. Ao chegar ao Hades, Dionísio toma ciência de que Eurípedes havia desafiado Ésquilo para uma competição, a fim de apontar o melhor dramaturgo do mundo dos mortos. Dionísio é convidado para arbitrar a competição e, após longo debate, Ésquilo vence a disputa. Dionísio, então, revela o verdadeiro objetivo de sua visita à terra dos mortos: ele precisa de um poeta que salve a cidade.

Aristófanes sabia da importância do teatro como forma de alimentar a consciência dos cidadãos, de desenvolver suas reflexões políticas, sendo esse um poderoso meio de fortalecer a sociedade. Pelos temas debatidos nos festivais de teatro, desenvolvidos pelos talentosos dramaturgos gregos, a sociedade amadurecia. O dramaturgo,

---

* O deus Hades (o Plutão dos romanos) é irmão de Zeus e reina no mundo dos mortos.

Santuário de Asclépio

como se esclarece em *As rãs*, ensina cidadania. As peças têm propósito educativo.

Gustav Radbruch, um grande filósofo do direito, reconheceu: "Tanto o direito pode utilizar a arte como a arte pode utilizar o direito."[1] Assim foi em Atenas do século V a.C., assim pode ser hoje.

A obra dos grandes dramaturgos gregos revela uma conquista da civilização. Um desenvolvimento extraordinário da sociedade, que caminhou para atingir valores como a democracia, a análise da culpa, o julgamento com oportunidade de defesa e feito por iguais, a busca pela justiça.

"Felizmente" — disse o historiador Fustel de Coulanges —, "o passado nunca morre completamente para o homem. O homem é capaz de esquecê-lo, mas conserva-o sempre consigo. Com efeito, por ser ele mesmo em cada época, o homem é o produto e o resumo de todas as épocas anteriores."[2] Os gregos nos deram os cromossomos da civilização ocidental.[3] Nós, contemporâneos, recebemos esse legado extraordinário, alicerce na construção do ordenamento jurídico. *Prometeu acorrentado* é uma franca denúncia à tirania. Na *Oresteia*, firma-se a necessidade de ampla defesa. *Antígona*, por sua vez, representa a luta pelos ideais, pela justiça, um hino à legítima rebeldia. Em *As troianas*, a dignidade da pessoa humana é exaltada. Em *A revolução das mulheres*, resta claro que a autocrítica é elemento essencial para a construção de uma sociedade sadia.

Todos esses valores foram incorporados à nossa cultura por meio dessas peças de teatro. A partir daí, construiu-se uma teoria do Direito, estabelecendo-se as bases para um ordenamento jurídico. Esses dramaturgos, por consequência, inventaram o direito.

Evidentemente, pode-se dizer que o Direito nasceu com a organização da sociedade humana, tal como reconhece o brocardo *ubi societas, ibi jus*, isto é, onde há sociedade há direito. A necessidade de estabelecer regras de conduta surge no mesmo momento em que aparece o Estado. Contudo, os primitivos ordenamentos jurídicos eram manifestações de poder tirânico e comumente racional. Os gregos do século V a.C., entretanto, estabeleceram as bases para o Direito como o conhecemos, assentadas sobre grandes valores, tais como o respeito à dignidade humana, o direito de defesa, a apreciação da responsabilidade e o julgamento racional.

Ao se afastar das lições contidas nessas peças, o Estado se aproxima da ditadura, do abuso, da injustiça, da incivilidade. De outro lado, ao refletir sobre os temas tratados por Ésquilo, Sófocles, Eurípedes e Aristófanes, o homem se aprimora e traz consigo o mundo em que vive.

No caminho da humanidade, há uma grande encruzilhada, já registrada por tantos e confrontada, em maior ou menor grau, no nosso dia a dia: ser ou não ser, ceder ou resistir, que Shakespeare encarna em *Hamlet*. O homem do direito, diante dessa opção, não pode acovardar-se. Cabe a ele, se for o caso, ser Édipo, a ponto de se descobrir como culpado; ser Orestes e, em nome do que considera correto, matar a própria mãe; ser Antígona, para enfrentar o poder irascível a fim de obter justiça; ser Pelasgo, o rei de Argos nas *As suplicantes*, e defender a inocência, mesmo se o preço for a guerra.

Sócrates não morreu em vão. Ele protegeu o legado das obras dos grandes dramaturgos, seus contemporâneos. Manifestou-se com honestidade até o fim e enfrentou a morte para defender seus ideais. No que pode parecer um paradoxo, aceitou a condenação que lhe parecia injusta, porque compreendeu que a civilidade passava por respeitar as leis estabelecidas democraticamente. Com isso, legou uma grande lição para a posteridade.

Homero conta, na *Ilíada*, que Ájax brada a Zeus, no meio do campo de batalha, envolto de névoa: "Se temos que morrer, deixa-nos morrer na claridade."* Temos que compreender por que lutamos. Apenas com cultura teremos ferramenta e discernimento para identificar se protegemos os bons valores. Afinal, a luta apenas tem sentido se a causa for justa.

Aristóteles, o mais famoso discípulo de Platão (que, por sua vez, é o mais conhecido discípulo de Sócrates), escreveu, no século IV a.C. uma obra chamada *Ética a Nicômaco*. Nicômaco era o nome do filho e também do pai do filósofo. Nesse livro, Aristóteles trata da virtude intelectual e moral, passando pela felicidade e pela amizade. As últimas palavras da densa obra, depois de tratar desses temas tão relevantes, são: "Comecemos a nossa discussão."** Terminando assim, o gênio grego demonstra que qualquer sabedoria depende de como ela é executada.

Com os ensinamentos que vêm de Ésquilo, Sófocles, Eurípedes e Aristófanes, inicia-se a nossa discussão. Comecemos.

NOTAS

1 | G. Radbruch, *Filosofia do Direito*, p. 221.
2 | F. de Coulanges, *A cidade antiga*, p. 29.
3 | C. Freeman, *The Greek Achievement*, p. 434.

---

* Goethe coloca o mesmo pleito na boca de Fausto, que grita, antes de morrer: "Mais luz!"
** *Ética a Nicômaco*, p. 211.

BIBLIOGRAFIA

AHRENS, Enrique. *Historia del derecho*. Buenos Aires: Editorial Impulso, 1945.

ALTAVILA, Jayme de. *Origem dos direitos dos povos*, 5.ª ed. São Paulo: Ícone Editora, 1989.

ARENDT, Hannah. *A condição humana*, 11.ª ed. Rio de Janeiro: Forense Universitária, 2010.

ARISTÓFANES. *As nuvens, o melhor do teatro grego*. Rio de Janeiro: Zahar, 2013 (tradução de Mário da Gama Cury).

_____. *Lisístrata e Tesmoforiantes*. São Paulo: Perspectiva, 2011 (tradução de Trajano Vieira).

_____. *As rãs*. Lisboa: Edições 70, 2008 (tradução de Américo da Costa Ramalho).

_____. *A greve do sexo*, 6.ª ed. Rio de Janeiro: Zahar, 2006 (tradução Mário da Gama Kury).

_____. *A revolução das mulheres*, 6.ª ed., Rio de Janeiro: Zahar, 2006 (tradução de Mário da Gama Kury).

_____. *Os cavaleiros*. Lisboa: Edições 70, 2004 (tradução de Maria de Fátima Silva).

ARISTÓTELES. *Constituição de Atenas*. São Paulo: Edipro, 2012.

_____. *Poética*. São Paulo: Edipro, 2011.

_____. *Ética a Nicômaco*. São Paulo: Edipro, 2007 (tradução, textos adicionais e notas: Edson Bini).

ARNAOUTOGLOU, Ilias. *Leis da Grécia Antiga*. São Paulo: Odysseus, 2003.

ASCARELLI, Tullio. "Antigone e Porzia", *Revista Internazionale de Filosofia del Diritto*, ano XXXII, fasc. VI, 1955.

ASCENSÃO, José de Oliveira. *O direito*. Coimbra: Almedina, 2005.

BACKHOUSE, Roger E. *História da economia mundial*. São Paulo: Estação Liberdade, 2007.

BARKER, Elton e CHRISTENSEN, Joel. *Homer*. Londres: Oneworld, 2013.

BARROSO, Luís Roberto. *Constituição da República Federativa do Brasil — anotada*. São Paulo: Saraiva, 1998.

BATE, Jonathan. *Soul of the Age*. Nova York: Random House, 2009.

BERNSTEIN, William J. *A Splendid Exchange: How Trade Shaped the World*. Nova York: Grove Press, 2008.

BERTHOLD, Margot. *História mundial do teatro*, 5.ª ed. São Paulo: Perspectiva, 2011.

BERTMAN, Stephen. *Os oito pilares da sabedoria grega*. Rio de Janeiro: Sextante, 2011.

BIEBER, Margareth. *The History of Greek and Roman Theater*. Princeton: Princeton University Press, 1961.

BLOOM, Harold. *A anatomia da influência*. Rio de Janeiro: Objetiva, 2013.

_____. *Abaixo as verdades sagradas*. São Paulo: Companhia das Letras, 2012.

_____. *Onde encontrar a sabedoria?* Rio de Janeiro: Objetiva, 2005.

_____. *Gênio*. Rio de Janeiro: Objetiva, 2003.

BODENHEIMER, Edgard. *Teoría del Derecho*. México: Fondo de Cultura Econômica, 1942.

BOUZON, E. *O Código Hammurabi*, 3.ª ed. Petrópolis: Vozes, 1980.

BRANDÃO, Junito de Souza. *Teatro grego*, 12.ª ed., Petrópolis, Editora Vozes, 2011.

_____. *Mitologia grega*, vol. I, 4.ª ed. Petrópolis: Vozes, 1988a.

_____. *Mitologia grega*, vol. III, 2.ª ed. Petrópolis: Vozes, 1988b.

BRANN, Eva. *Homeric Moments*. Philadelphia: Paul Dry Books, 2002.

BRECHT, Bertold. *Estudos sobre teatro*, 2.ª ed. Rio de Janeiro: Nova Fronteira, 2005.

BURCKHARDT, Jacob. *Judgements on History and Historians*. New York: Routledge, 2007.

BURGESS, Jonathan S. *Homer*. Londres: I.B.Tauris, 2015.

CAHILL, Thomas. *Navegando o mar de vinho*. Rio de Janeiro: Objetiva, 2003.

CALASSO, Roberto. *A literatura e os deuses*. São Paulo: Companhia das Letras, 2004.

CAMPBELL, Joseph. *O poder do mito*. São Paulo: Palas Athena, 1990.

CARPEAUX, Otto Maria. *História da literatura ocidental*, vol. I. São Paulo: Leya, 2011.

_____. *Ensaios reunidos*, vol. I. Rio de Janeiro: Topbooks, 1999.

CARTER, D.M. *The Politics of Greek Tragedy*. Devon: Bristol Phoenix Press, 2007.

CARTLEDGE, Paul (org.), *Grécia Antiga*, 2.ª ed. São Paulo: Ediouro, 2009.

CHALINE, Eric. *Grécia no ano 415 a.C.* São Paulo: Ciranda Cultural, 2008a.

_____. *Ancient Greece*. Nova York: Metro Books, 2008b.

CHEVITARESE, André Leonardo. "A batalha naval de Salamina e as fronteiras ocidentais", in *Guerra no mar*. Rio de Janeiro: Record, 2009.

CHORÃO, Mário Bigotte. *Temas fundamentais de direito*. Coimbra: Almedina, 1991.

CHOU, Mark. *Greek Tragedy and Contemporary Democracy*. Nova York: Bloomsbury, 2012.

CHURCHILL, Winston. *Grandes homens do meu tempo*. Rio de Janeiro: Nova Fronteira, 2004.

CODÁ, Rita. *Epitáfios gregos*. Rio de Janeiro: HP Comunicação Editora, 2005.

COOK, R. M. *Greek Art*. Londres: Penguin Books, 1991.

COULANGES, Fustel de. *A cidade antiga*. Rio de Janeiro: Ediouro, 2004.

CRETELLA JÚNIOR, José. *Curso de filosofia do Direito*, 9.ª ed. Rio de Janeiro: Forense, 2003.

COMPARATO, Fábio Konder. *A afirmação histórica dos direitos humanos*, 7.ª ed. São Paulo: Saraiva, 2010.

DAVIS, Kenneth C. *Tudo o que precisamos saber, mas nunca aprendemos, sobre mitologia*. Rio de Janeiro: Difel, 2015.

DETIENNE, Marcel. *Mestres da verdade na Grécia arcaica*. São Paulo: Martins Fontes, 2013.

_____ e SISSA, Giulia. *A vida cotidiana dos deuses gregos*. São Paulo: Companhia das Letras, 1990.

DÍEZ-PICAZO, Luis. *Experiencias jurídicas y teoría del derecho*, 3.ª ed. Barcelona: Ariel, 1993.

DIRDA, Michael. *O prazer de ler os clássicos*. São Paulo: Martins Fontes, 2010.

DOLINGER, Jacob. *Direito internacional privado*, 5.ª ed. Rio de Janeiro: Renovar, 1997.

DRIVER, Tom F. *The Sense of History in Greek and Shakespearean Drama*. Nova York: Columbia University Press, 1960.

GUSMÃO, Paulo Dourado de. *Introdução ao estudo do direito*, 18.ª ed. Rio de Janeiro: Forense, 1995.

DUCHÊNE, Hervé. *The Golden Treasures of Troy — The Dream of Heinrich Shliemann*. Londres: Thames & Hudson, 1996.

DURANDO, Furio. *Ancient Greece*. Nova York: Stewart, Tabori & Chang, 1997.

_____. *Guía de Arqueología, Grecia*. Madri: Editorial Libsa, 2005.

DURANT, Will. *Heróis da história*. Rio de Janeiro: Ediouro, 2002.

DWORKIN, Ronald. *Uma questão de princípio*. São Paulo: Martins Fontes, 2005.

ECO, Umberto. *Sobre a literatura*. Rio de Janeiro: Record, 2003.

ÉSQUILO. *The Oresteia*. Londres: Bloomsbury, 2014.

_____. *Coéforas*. São Paulo: Editora Iluminuras, 2013a (tradução de Jaa Torrano).

_____. *Eumênides*. São Paulo: Editora Iluminuras, 2013b (tradução de Jaa Torrano).

_____. *Os persas*. São Paulo: Perspectiva, 2013c (tradução de Trajano Vieira).

_____. *Prometeu acorrentado, o melhor do teatro grego*. Rio de Janeiro: Zahar, 2013d (tradução de Mário da Gama Cury).

_____. *Prometeu*. Rio de Janeiro: Difel, 2009a (adaptação de Luiz Antônio Aguiar).

_____. *Tragédias*. São Paulo: Fapesp, 2009b (tradução de Jaa Torrano).

_____. *Agamenon de Ésquilo*. São Paulo: Perspectiva, 2007 (tradução de Trajano Vieira).

_____. *Os persas, tragédia grega*, vol. IV, 6.ª ed. Rio de Janeiro: Zahar, 2007 (tradução Mário da Gama Cury).

_____. *Greek Drama*. Nova York: Bantam Classic, 2006.

EURÍPEDES. *Héracles*. São Paulo: Editora 34, 2014.

_____. *Medeia, o melhor do teatro grego*. Rio de Janeiro: Zahar, 2013 (tradução de Mário da Gama Cury).

_____. *Medeia*. São Paulo: Editora 34, 2010 (tradução de Trajano Vieira).

_____. *Alceste*. Rio de Janeiro: Difel, 2009a (adaptação de Luiz Antônio Aguiar).

_____. *Electra(s)*. Cotia: Ateliê Editorial, 2009b (tradução de Trajano Vieira).

_____. *As fenícias*. Porto Alegre: L&PM, 2008 (tradução de Donaldo Shüler).

_____. *Hécuba, tragédia grega*, vol. IV, 6.ª ed. Rio de Janeiro: Zahar, 2007.

_____. *Medeia*. São Paulo: Martin Claret, 2004a (tradução de Miroel Silveira e Junia Silveira Gonçalves).

_____. *Duas tragédias gregas: Hécuba e Troianas*. São Paulo: Martins Fontes, 2004b (tradução de Christian Werner).

_____. *Alceste, Electra, Hipólito*, 2.ª ed. São Paulo: Editora Martin Claret, 2004c (tradução de Pietro Nassetti)

_____. *Héracles*. São Paulo: Editora Palas Athena, 2003a (tradução de Cristina Rodrigues Franciscato).

_____. *As bacantes*. São Paulo: Perspectiva, 2003b (tradução de Trajano Vieira).

_____. *Orestes*. Brasília: Editora Universidade de Brasília, 1999 (tradução de Augusta Fernanda de Oliveira e Silva).

ETIENNE, Roland e Françoise. *The Search for Ancient Greece*. London: Thames & Hudson, 1990.

EYLER, Flávia Maria Schlee. *História antiga — Grécia e Roma: a formação do Ocidente*. Petrópolis: Vozes, 2014.

FIGUEIREDO, Carlos. *100 discursos históricos*. Belo Horizonte: Editora Leitura, 2002.

FINLEY, M. I. *O legado da Grécia*. Brasília: UNB, 1998.

FLICKINGER, Roy C. *The Greek Theatre and its Drama*. Chicago: The university of Chicago Press, 1918.

FOUCAULT, Michel. *A coragem da verdade*. São Paulo: Martins Fontes, 2014.

_____. *A verdade e as formas jurídicas*, 2.ª ed. Rio de Janeiro: Nau Editora, 2001.

FREEMAN, Charles. *The Greek Achievement*. Londres: Penguin Books, 1999.

FREEMAN, Philip. *Oh My Gods*. Nova York: Simon & Shuster, 2012.

FREUD, Sigmund. *A interpretação dos sonhos*. Porto Alegre: L&PM, 2013.

FULLERTON, Mark D. *Arte grega*. São Paulo: Odysseus, 2002.

FUNARI, Pedro Paulo. "Guerra do Peloponeso", in *História das guerras* (org. Demétrio Magnoli). São Paulo: Contexto, 2006.

GALÁN, Juan Eslava. *Historia del Mundo contada para Escépticos*. Barcelona: Planeta, 2014.

GALGANO, Francesco. *Il Diritto e le altre Arti*. Bolonha: Editrice Compositori, 2009.

GASSNER, John. *Mestres do teatro*, 4.ª ed. São Paulo: Perspectiva, 2010.

GILISSEN, John. *Introdução histórica ao direito*. Lisboa: Calouste Gulbekian, 1988.

GRANDSDEN, K. W. "Homero e a epopeia", in *O legado da Grécia*. Brasília: UNB, 1998.

GROPPALI, Alessandro. *Introdução ao estudo do direito*, 3.ª ed. Coimbra: Coimbra Editora, 1978.

GROSSI, Paolo. *Mitologias jurídicas da modernidade*, 2.ª ed. Florianópolis: Boiteux, 2007.

HALL, Edith. *Greek Tragedy*. Oxford: Oxford University Press, 2010.

_____. *Aeschylus — Persians*. Warminster: Aris & Phillips, 1996.

HART, H.L.A. *O conceito de direito*. São Paulo: Martins Fontes, 2009.

HAUSER, Arnold. *História social da arte e da literatura*. São Paulo: Martins Fontes, 1998.

HEGEL, Georg Wilhelm Friedrich. *Filosofia da história*, 2.ª ed. Brasília: UNB, 2008.

HELIODORA, Barbara. *Caminhos do teatro ocidental*. São Paulo: Perspectiva, 2013.

_____. *O teatro explicado aos meus filhos*. Rio de Janeiro: Agir, 2008.

HERÓDOTO. *História*. São Paulo: Ediouro, 2001.

HESÍODO. *Teogonia*, 5a ed. São Paulo: Iluminuras, 2003 (tradução de J.A.A. Torrano).

_____. *Os trabalhos e os dias*, 4.ª ed. São Paulo: Iluminuras, 2002 (tradução de Mary de Camargo Neves Lafer).

HOLMES, Oliver Wendell. *The Common Law*, Toronto: University of Toronto Typographical Society, 1881.

HOMERO. *The Iliad*. Nova York: Dover, 1999a (tradução de Samuel Butler).

_____. *The Odyssey*. Nova York: Dover, 1999b (tradução de George Herbert Palmer).

JAEGER, Werner. *Paideia*. São Paulo: Martins Fontes, 2003.

JHERING, Rudof Von. *A evolução do direito*. Bahia: Livraria Progresso Editora, 1956.

JONES, Peter V. *O mundo de Atenas*. São Paulo: Martins Fontes, 1997.

JUNG, Carl G. *O homem e seus símbolos*. Rio de Janeiro: Nova Fronteira, 1996.

KELSEN, Hans. *Teoria pura do direito*, 6.ª ed. Coimbra: Arménio Amado, 1984.

_____. *A justiça e o Direito natural*, 2a ed. Coimbra: Arménio Amado, 1979.

KERÉNYI, KARL. *Arquétipos da religião grega*. Petrópolis: Vozes, 2015.

KERRIGAN, John. *Revenge Tragedy*. Oxford: Clarendon Press, 2001.

KIRK, G. S. *The Nature of Greek Myths*. Nova York: Barnes & Noble, 2009.

KITTO, H.D.F. *Greek Tragedy*. Londres: Routledge, 2011.

KNOX, Bernard. *Édipo em Tebas*. São Paulo: Perspectiva, 2002.

KOTRIN, Joel. *The City: A Global History*. Nova York: Random House, 2005.

COOKE, Jean and KRAMER, Ann. *History's Timeline*. Nova York: Barnes & Noble, 1996.

KUHN, Thomas S. *A estrutura das revoluções científicas*. São Paulo: Perspectiva, 2007.

LATORRE, Angel. *Introdução ao direito*. Coimbra: Almedina, 1978.

LEHMANN, Hanss-Thies. *Escritura política no teatro liberal*. São Paulo: Perspectiva, 2009.

LESKY, Albin. *A tragédia grega*, 4.ª ed. São Paulo: Perspectiva, 2003.

LIMA, Hermes. *Introdução à ciência do direito*, 9.ª ed. Rio de Janeiro: Livraria Freitas Bastos, 1958.

LORAUX, Nicole. "A tragédia grega e o humano", in *Ética*. São Paulo: Companhia das Letras, 2007.

MAN, John. *A história do alfabeto*, 2.ª ed. Rio de Janeiro: Ediouro, 2001.

MANFREDI, Valerio Massimo. *Akropolis*. Rio de Janeiro: Rocco, 2001.

MANGUEL, Alberto. *Ilíada e Odisseia de Homero*. Rio de Janeiro: Zahar, 2007.

MARITAIN, Jacques. *O homem e o Estado*, 2.ª ed. Rio de Janeiro: Agir, 1956.

MASSARA, Franco. *Os grandes julgamentos — Sócrates*. Rio de Janeiro: Otto Pierre Editores, 1978.

MATYSZAK, Philip. *A Guide to the Classic Stories*. Londres: Thames & Hudson, 2010.

MCALLISTER, Emma. *Ancient Greece*. Londres: British Museum Press, 2005.

MENDES, Gilmar Ferreira, COELHO, Inocêncio Mártires e BRANCO, Paulo Gustavo Gonet. *Curso de Direito constitucional*. São Paulo: Saraiva, 2007.

MICHELET, Jules. *A bíblia da humanidade*. São Paulo: Ediouro, 2001.

MIRANDA, Jorge. *Teoria do Estado e da constituição*. Rio de Janeiro: Forense, 2002.

MONCADA, Cabral de. *Filosofia do Direito e do Estado*, 2.ª ed. Coimbra: Arménio Amado, 1955.

MONGIN, Jean Paul. *A morte do divino Sócrates*. São Paulo: Martins Fontes, 2012.

MONTESQUIEU. *O espírito das leis.* São Paulo: Martins Fontes, 1993.

_____. *Do espírito das leis.* São Paulo: Martin Claret, 2010.

MORRISON, Wayne. *Filosofia do Direito.* São Paulo: Martins Fontes, 2006.

NEWMAN, Sandra. *História da literatura ocidental sem as partes chatas.* São Paulo: Cultrix, 2014.

NIETZSCHE, Friedrich. *O nascimento da tragédia.* São Paulo: Companhia das Letras, 2007.

_____. *Introdução à tragédia de Sófocles.* Rio de Janeiro: Zahar, 2006.

_____. *A gaia ciência.* São Paulo: Companhia das Letras, 2001.

OLIVEIRA, Rosiska Darcy de. *Elogio da diferença: o feminino emergente.* Rio de Janeiro: Rocco, 2012.

PAINTER, Nell Irvin. *The History of White People.* New York: Norton, 2010.

PEDROSA, Ronaldo Leite. *Direito em história,* 6.ª ed. Rio de Janeiro: Lumen Juris, 2008.

PENA-RUIZ, Henri. *Grandes lendas do pensamento.* Rio de Janeiro: Difel, 2011.

PLATÃO. *A República,* 2.ª ed. São Paulo, EDIPRO, 2014 (tradução de Edson Bini).

_____. *Apologia de Sócrates.* Porto Alegre: L&PM, 2013a (tradução de Andre Malta).

_____. *Sobre a piedade (Êutifron).* Porto Alegre: L&PM, 2013b (tradução de Andre Malta).

_____. *Sobre o dever (Críton).* Porto Alegre: L&PM, 2013c (tradução de Andre Malta).

PLEKANOV, G. *A arte e a vida social.* Rio de Janeiro: Editora Lux, 1955.

PLUTARCO. Nícias, in *Vidas paralelas.*

POSNER, Richard A. *Law and Literature,* 3.ª ed. Cambridge: Harvard University Press, 2009.

_____. *A economia da Justiça.* São Paulo: Martins Fontes, 2010.

RABINOVICH-BERKMAN, Ricardo David. *Bom dia, história do direito.* Rio de Janeiro: Forense, 2001.

RADBRUCH, Gustav. *Filosofia do Direito,* 6.ª ed. Coimbra: Arménio Amado, 1979.

RANK, Otto. *O mito do nascimento do herói*. São Paulo: Cienbook, 2015.

RATHBONE, Dominic. *História ilustrada do mundo antigo*. São Paulo: Publifolha, 2011.

REALE, Giovanni. *Sofistas, socráticos e socráticos menores*, 2.ª ed. São Paulo: Edições Loyola, 2013.

_____. *Pré-socráticos e orfismo*, 2.ª ed. São Paulo: Edições Loyola, 2012.

REALE, Miguel. *Filosofia do Direito*, 19.ª ed. São Paulo: Saraiva, 1999.

RIPERT, Georges. *Les Forces Créatrices du Droit*. Paris: LGDJ, 1955.

ROSENMEYER, T. G. "O teatro", in *O legado da Grécia*. Brasília: UNB, 1998.

RUSSELL, Bertrand. *História do pensamento ocidental*, 5.ª ed. Rio de Janeiro: Ediouro, 2001.

SAMPAIO FERRAZ JR., Tercio. *Introdução ao estudo do direito*, 4.ª ed. São Paulo: Atlas, 2003.

SANDEL, Michael J. *Justiça*. Rio de Janeiro: Civilização Brasileira, 2011.

SCHWANITZ, Dietrich. *Cultura geral*. São Paulo: Martins Fontes, 2007.

SCODEL, Ruth. *Greek Tragedy*. Cambridge: Cambridge University Press, 2010.

SILVA, Antônio José da. *Os encantos de Medeia*. São Paulo: Edusp, 2013.

SNELL, Bruno. *A cultura grega e as origens do pensamento europeu*. São Paulo: Perspectiva, 2012.

SÓFOCLES. *As traquínias*. São Paulo: Editora 34, 2014a (tradução de Trajano Vieira).

_____. *Édipo rei e Antígona*. São Paulo: Editora Martins Claret, 2014b (tradução de Jean Melville).

_____. "Édipo rei", in *O melhor do teatro grego*. Rio de Janeiro: Zahar, 2013 (tradução de Mário da Gama Cury).

_____. *Antígona*, 10.ª ed. Lisboa: Calouste Gulbekian, 2012a (tradução de Maria Helena da Rocha Pereira).

_____. *Édipo em colono*. São Paulo: Perspectiva, 2012b (tradução de Trajano Vieira).

_____. *A trilogia tebana*. Rio de Janeiro: Zahar, 2011 (tradução de Mário da Gama Kury).

_____. *Electra(s)*. Cotia: Ateliê Editorial, 2009 (tradução de Trajano Vieira).

_____. *Aias*. São Paulo: Iluminuras, 2008 (tradução de Flavio Ribeiro de Oliveira).

_____. *Electra, tragédia grega*, vol. IV, 6.ª ed. Rio de Janeiro: Zahar, 2007 (tradução de Mário da Gama Cury).

_____. *Três tragédias gregas*. São Paulo: Perspectiva, 1997.

_____. *Antígona*. Lisboa: Editorial Inquérito, 1984a (tradução de Fernando Melro).

_____. *Édipo rei*, 4.ª ed. Lisboa: Editorial Inquérito, 1984b (tradução de Agostinho da Silva).

SOUZA, Raquel de. "O Direito grego antigo", in *Fundamentos de História do Direito* (org. Antonio Carlos Wolkmer), 4.ª ed. Belo Horizonte: Del Rey, 2009.

STOKES, Philip. *Philosophy 100 Essential Thinkers*. Nova York: Enchanted Lion Books, 2002.

STONE, I.F. *O julgamento de Sócrates*. São Paulo: Companhia das Letras, 2005.

STOREY, Ian C. and ALLAN, Arlene. *A Guide to Ancient Greek Drama*, 2a ed. Chichester: Wiley Blackwell, 2014.

TORRANO, J. A. A. "As súplicas a Zeus suplicante na tragédia *As suplicantes* de Ésquilo", in *Tragédias*, Ésquilo. São Paulo: Fapesp, 2009.

TRABULSI, José Antônio Dabdab. *Dionisismo, poder e sociedade*. Belo Horizonte: Editora UFMG, 2004.

TUCHMAN, Barbara. *A marcha da insensatez*, 5.ª ed. Rio de Janeiro: José Olympio Editora, 1999.

TUCÍDIDES. *História da Guerra do Peloponeso*, 3.ª ed. Brasília: Editora UNB, 1999.

VAN DOREN, Charles. *Uma breve história do conhecimento*. Rio de Janeiro: Casa da Palavra, 2012.

VASCONCELOS, Edson Aguiar de. *Direito fundamental de cidadania ou direito a ter direitos*. Curitiba: Editora CRV, 2012.

VERNANT, Jean-Pierre e VIDAL-NAQUET, Pierre. *Mito e tragédia na Grécia Antiga*. São Paulo: Perspectiva, 1999.

_____. *Mythe et Tragédie-Un*. Paris: La Découverte, 1986.

VERNANT, Jean-Pierre. *As origens do pensamento grego*, 10.ª ed. Rio de Janeiro: Bertrand Brasil, 1998.

VIAL, Claude. *Vocabulário da Grécia Antiga*. São Paulo: Martins Fontes, 2013.

VIEIRA, Trajano e ALMEIDA, Guilherme de. *Três tragédias gregas*. São Paulo: Perspectiva, 2007.

WEIR, William. *50 batalhas que mudaram o mundo*. São Paulo: M. Books, 2004.

WIEACKER, Franz. *História do Direito privado moderno*, 2.ª ed. Lisboa: Fundação Calouste Gulbekian, 1967.

WILLIAMS, Bernard. "Filosofia", in *O legado da Grécia*. Brasília: UNB, 1998.

XENOFONTE, *Ditos e feitos memoráveis de Sócrates*. Bauru: Edipro, 2006.

ZSCHIRNT, Christiane. "A literatura europeia começa com Homero", in *Livros*. São Paulo: Globo, 2006.

CRÉDITOS DAS IMAGENS

Prefácio
p. 11   Mosaico de Ulisses. Século III. Museu Nacional do Bardo.

Introdução
p. 31   Foto Martin Fuchs / Pixabay.

Capítulo 1
p. 35   Atlas histórico. São Paulo: Encyclopaedia Britannica, 1977. p. 16.
p. 38   Retrato de Homero. Cópia romana segundo um original grego helenístico. Primeiro século a.C. a segundo século a.C. Museu Britânico
p. 39   Sandro Botticelli. Retrato do perfil de jovem (Simonetta Vespucci ?), entre 1475 e 1480. Gemäldegalerie
p. 44   Jean-Auguste Dominique Ingres. Júpiter e Tétis, 1811. Museu Granet
p. 51   Busto de Péricles. Cópia romana segundo um original grego de circa 430 AC. Museo Pio-Clementino
p. 52   Foto yvanox / Pixabay.
p. 56   World History Archive / Alamy / Fotoarena
p. 59   Foto Dias12 / Pixabay
p. 60   Foto awsloley / Pixabay

Capítulo 2
p. 78 Foto coursousa / Pixabay

Capítulo 3
p. 82 World History Archive / Alamy / Fotoarena
p. 83 Caravaggio. Bacchus, circa 1598. Coleção Uffizip
p. 84 Granger, NYC. / Alamy /
p. 86 Francis Davis Millet. Thesmophoria, 1894-1897. Museu de Arte da Universidade Brigham Young

Capítulo 4
p. 94 De Agostini Picture Library/Album / Album / Fotoarena
p. 100 John William Waterhouse. As Danaides, 1903. Coleção particular
p. 112 William-Adolphe Bouguereau. O remorso de Orestes ou Orestes perseguido pelas Fúrias, 1862. Museu de Arte Chrysler
p. 113 Máscara fúnebre também conhecida como "Máscara de Agamenon". Século XVI AC. Museu Arqueológico Nacional de Atenas
p. 116 Foto Rubén M. i Santos/ Pixabay
p. 121 Zip Lexing / Alamy Stock Photo
p. 122 Liszt / UIG / Fotoarena

Capítulo 5
p. 134 Sófocles. Busto de mármore, s.d. Foto: World History Archive / Alamy / Fotoarena
p. 136 Jean-Auguste Dominique Ingres. Édipo e a Esfinge, 1808. Museu do Louvre
p. 148 Eugene-Ernest Hillemacher.Édipo e Antígona durante a peste em Tebas s.d. Foto: G. DAGLI ORTI/DEA/Album / Album /
p. 150 Fulchran-Jean Harriet. Édipo em Colonus, 1798. Museu de Arte de Cleveland
p. 156 IMAGE number: SCG56674 Marie Spartali Stillman. Antigone de Sophocles, s.d. Foto: Simon Carter Gallery, Woodbridge, Suffolk, UK / Bridgeman Images
p. 159 Lachmann. Antígona e o corpo de Polinices, 1880. Foto: The Print Collector/Getty Images

p. 168
Frederic Leighton. Antigone, 1882. Coleção privada.

Capítulo 6
p. 174 dpa/Album / Album / Fotoarena
p. 188 Johann Wilhelm Baur. Hécuba arranca os olhos de Polimestor e se transforma em um cachorro, c. 1640. Harvard Art Museums

Capítulo 7
p. 192 De Agostini Picture Library/Album / Album / Fotoarena

Capítulo 8
p. 206 Jacques-Louis David. A Morte de Sócrates, 1787. Museu Metropolitano de Arte

Capítulo 9
p. 212 Foto Jose van der Heijden / Pixabay